心理学与口才技巧 3

说话的逻辑

朱 红/编著

中国纺织出版社

内 容 提 要

沟通指的是人与人之间、人与群体之间思想与感情的传递和反馈的过程,以求思想的一致和感情的通畅。而良好的沟通离不开心理学，掌握人际沟通中的心理学，对于增强我们的沟通能力尤为重要。

本书从心理学的角度，全面系统地阐述了心理学在人际沟通中的运用。在本书中，你将会学到实用高效的沟通技能，以增强你在与人交往方面的语言能力，进而帮你掌握最能赢得人心的沟通诀窍，成就自己的精彩人生。

图书在版编目（CIP）数据

心理学与口才技巧. 3，说话的逻辑 / 朱红编著. --北京：中国纺织出版社，2019.6（2023.7 重印）

ISBN 978-7-5180-6139-6

Ⅰ. ①心… Ⅱ. ①朱… Ⅲ. ①心理交往－口才学 Ⅳ. ①C912.1

中国版本图书馆CIP数据核字（2019）第071622号

责任编辑：闫　星　　特约编辑：李　杨　　责任印制：储志伟

中国纺织出版社出版发行

地址：北京市朝阳区百子湾东里A407号楼　邮政编码：100124

销售电话：010－67004422　传真：010－87155801

http：//www.c-textilep.com

E-mail：faxing@c-textilep.com

中国纺织出版社天猫旗舰店

官方微博http：//weibo.com/2119887771

大厂回族自治县益利印刷有限公司印刷

2019年6月第1版　　2023年7月第3次印刷

开本：880×1230　1/32　印张：6.5

字数：136千字　定价：38.80元

前言

生活中的人们，在你生活和工作的周围，不知道你有没有遇到这样的人；他看起来能力并不突出，外貌也不出众，但在他所在的圈子里，他就是如鱼得水，无论到哪里都受到欢迎，他总是能受到上司的器重、客户的关照，所以，他比别人更容易成功。

其实，他并不是有什么通天的本事，而是因为他掌握了说话和与人沟通的技巧，他说出的每句话，都能让别人感到愉快，而且，他似乎总是能用语言引导别人，仿佛他天生就能做到“呼风唤雨”。也许你敬佩甚至是不服气他的成功，并在心中疑问，他到底是怎样做到的呢？

其实，要想让你说的话产生积极的效用，就要从心出发，攻心为上。因为，真正的沟通能力，不仅是拥有滔滔不绝的说话能力，更重要的是有见机说话的技巧，善于说话的人不一定说得很多，但是，他每说过的一句话都能够恰到好处。而之所以善说者能将话说到点子上，还在于他能够通过语言来影响他人的心理，说出对方想听的，了解对方所担心的、顾虑等，因此，他就掌握了与他人进行良好沟通的那把钥匙。

可见，良好的沟通离不开心理学。的确，在这个世界上，最难以捉摸的就是人的心理，为此，一定要“攻心”，以“心”为重。因此，我们在训练自己沟通能力的同时，还要掌握一定的心理学知识，学会察言观色，了解对方的心理，以此来决定什么时机该说什么话，什么时机不该说什么话，或是该说多少话。

《心理学与口才技巧3：说话的逻辑》这本书就能帮你做到这一点，本书从心理学的角度出发，并引用了丰富多彩的案例，这些案例能够打开你的思维，帮助你学会更高效有用的心理沟通技能。当然，要增强你的沟通能力，并不是一朝一夕就能做到的，需要你进行长时间的认真练习。按照本书中提供的方法进行训练，相信日后你一定能成为一个对语言沟通驾轻就熟的人。

编著者

2018年12月

上篇　知己知彼，了解对方，为高效沟通作好准备

Gaoxiao
Goutong

下篇　因地制宜，因人而异，掌握不同场合中的沟通之道

Gaoxiao
Goutong

上篇

知己知彼，了解对方，为高效沟通作好准备

第01章 “以貌取人”，迈出高效沟通第一步

服装中展现的性格特征

服饰指的是衣服以及和衣服相匹配的所有的装饰品与配件。服饰美指的则是服饰领域中所呈现出来的美，具体来说，也就是人们的衣着打扮所表现出来的美。从本质上来说，它不是自然的美，而属于技术美和现实美的范畴。很多时候，我们无法改变自己的容貌，也无法使自己具备“清水出芙蓉，天然去雕饰”的美。但是，我们可以通过穿衣打扮来使自己的外在美更加耀眼夺目，从而展示属于自己的风采。如今，随着社会的发展、经济的腾飞，人们的物质生活水平越来越高，不仅能够吃饱穿暖，而且可以使自己更加美丽，有着得体的妆容和适宜的服饰。简而言之，现代社会，服饰已经成为现代人精神风貌的表征，成为人们美化生活、美化环境、美化社会的一个重要手段，更成为一种高品位、高层次的审美引导。假如你有着热情奔放的内心，即使你没有妖艳的容颜，你也同样可以用服饰来彰显自己的内心；假如你有着安静如水的内心，即使你的容貌不是那么让人赏心悦目，你也同样可以用服饰来营造出一

种感觉，使人觉得你的气质就像淡淡开放的白玉兰那般皎洁美好；假如你极具个性，那么你也可以通过穿着与众不同的服饰来抓住人们的眼球，使人看到你的时候顿生耳目一新的感觉。

常言道：“花靠叶衬，人靠衣装。”服饰是人对自身外在美的一种设计，是人体除了天然皮肤之外的又一层“皮肤”，是流动着的“软”雕塑，能够雕琢人们的气质、性格特征、别样情调和与众不同的风格。在人潮汹涌的大街上，正是因为有了这些形形色色的服饰，这个世界才显得缤纷多彩，我们才能在看到某人的第一刻就对其产生第一印象。在人的各种社交场合中，外观的作用是非常重要的，其中，服饰更是能够体现出人们90%的外观。从某种意义上说，穿着、打扮不仅能够美化一个人的仪表，反映一个人的修养、情趣、素质、品位乃至人格和尊严，也能够反映出一个民族或一个国家的政治、经济、文化、科技等众多方面，从而反映出整个民族的素质。著名作家郭沫若曾经说：“衣裳是文化的表征，衣裳是思想的形象，社会主义带来了永恒的春天，我们必须有适应季节的衣裳。”很多人喜欢通过字迹来了解一个人，因而有“见字如面”的说法，其实，在社会交往活动中，很多人都是通过观察一个人的服饰来初步了解一个人的，说是“见衣如面”也不为过。

到了一家新单位之后，小娜很快就成为焦点人物。其实，这都得益于她与众不同的着装风格。她身材高挑，皮肤白皙，天生就是个衣服架子。她长得就像是模特，似乎每一个地方都是她展现自己的舞台。她很现代，骨子里透漏出不安分，但是她偏偏穿着一身民族风的服装，绣花的真丝上衣，阔腿的亚麻长裤，和手工缝制的布艺靴子。这使她一看就是一个极具个性的人，而且站在人群中亭亭玉立，使人耳目一新。一次，公司的一家合作单位来公司洽谈合作的具体事项，在听到小娜的发言之后，对方老总居然指定小娜担任项目负责人，因为他说小娜的性格非常适合策划和负责他们这个古朴清新而又富有现代生活气息的楼盘广告。就这样，资历尚浅的小娜轻而易举地得到了这个千载难逢的好机会，而她的表现也确实没有让合作方失望。她的性格就像她的穿衣风格一样，古朴和现代混搭，雅致和创新混搭，这使她获得成功。

很多时候，穿衣服就像是做人。一个人有着怎样的性格，往往会在潜移默化之中选择最适合自己风格的衣服。小娜正是因为用服装很好地诠释了自己的个性，所以才能够让别人一目了然地了解她、认识她、记住她，从而为自己赢得了很多的机会。

我们不仅要学会像小娜一样用服装来展示自己的个性，也要学会通过别人的穿衣打扮来了解别人，这对于我们的人际交往是很有好处的。

妆容中表露的内心情感

在西方社会，在参加宴会、朋友聚会或者是出席其他重要场合的时候，假如一位女性素面朝天地出现，往往会使人觉得她对人缺乏尊重。因此，不管出席任何场合，西方女性都会精心化妆，使自己拥有得体的妆容。在她们的生活中，化妆就

像是是穿衣吃饭一样自然，是日常生活中必不可少的步骤。在国内，虽然很多服务行业也都开始要求从业人员必须以淡妆出现，但是，化妆还是没有普及到每一个女人的生命之中。尽管如此，化妆在女性生活中的地位也越来越高了。很多女性即使平日里素面朝天，在出席重要场合的时候也会以得体的妆容出现；有些女性在外资企业工作，受到西方文化的熏染，越来越重视妆容的重要作用；而更多的女性则是出于爱美之心，也总是化妆。近年来，妆容的种类也越来越多，很多时尚的女性紧跟世界的潮流，走在时尚的前沿，及时地与国际接轨，使自己具备世界范围内流行的艳丽妆容。其实，不管是出于哪个方面的原因，我们都应该重视妆容在日常生活中的作用。试想，一张清新艳丽的脸庞，一张苍白的疲惫的脸庞，你更喜欢哪一张？相信不管是男人还是女人都会毫不犹豫地选择第一张脸庞，毕竟它能够使我们感受到更多的活力和魅力，感受到生命的美好，感受到活着的幸福。无论如何，我们都要热爱生活，因为生命是值得尊重的。

因为妆容的种类越来越多，且风格各异，所以不同的场合往往需要不同的妆容。例如，参加葬礼和参加婚礼的妆容肯定不能是相同的，参加朋友聚会和参加商业会谈的妆容也应该是截然不同的。不仅如此，在心情不同的情况下，人们潜意识地给自己的妆容也是不同的，所以，有的时候，我们可以从一个女人的妆容看出她的内心情感，从而更好地了解她、走近她。可以说，在每个女人的脸上，我们都能够洞察出她妆容的心声。会化妆的女人往往感情丰富，她们的一笔一刷表现出了自己内心的点点滴滴，或者快乐，或者忧伤，回忆总是能够慢慢地把她们心底的感情凝结成不一样的妆容。当面对一个女人的时候，千万不要忽视她的妆容，而应该试着从她的妆容中感受她的内心世界，那么，你就会发觉，不仅睫毛膏有自己的故事，口红也有别样的心情，唇彩也有它小小的回忆……

尽管林倩很想隐藏自己失恋的事情，但是，办公室里还是渐渐地传开了关于她失恋的消息。林倩质问唯一知道自己失恋事情的同事有没有散发这个消息，同事万分冤枉地说："咱们是好朋友，你已经叮嘱我不要把这件事情告诉别人了，我怎么还会四处乱说呢！我发誓，这件事情绝对不是我说的。"吃午饭的时候，另外一个同事用满怀同情地目光看着林倩，好心地安慰林倩："你最近是不是心情不太好啊，晚上要不要一起去唱歌，放松一下！"林倩谢绝了同事的好意，良久，她很纳闷地问同事："你是怎么知道我心情不好的，是谁告诉你的？"同事夸张地说："这还用别人告诉我啊！当然是你自己告诉我们的！傻子都能看出来你心中的落寞！"林倩还是疑惑不解地看着同事，同事小心翼翼地说："你看啊，以前的妆容明媚，你喜欢用桃红色的或者是金粉色的腮红，如今呢，你已经很久都没有腮红了。你甚至没有化妆，只是用了一点儿粉底，这使你的脸色显得非常苍白，整个人也显得很疲惫。其实，我还是更喜欢你以前的妆容，看到你，我就会感觉到爱情的甜蜜。但是，如今……"同事迟疑了一下，又说，"我几乎可以断定你失恋了，因为'女为悦己者容'，你现在不化妆的样子几乎百分之百说明了你失恋了。"原来如此。看到失恋的自己在同

事眼中是如此地苍白无力，林倩才意识到问题的严重性。她可不想因为一个负心的男人影响自己的工作和生活，想到这里，她几乎有些释然了。次日上班的时候，那个曾经让同事们耳目一新的林倩又回来了。她的皮肤粉嫩粉嫩的，长长的睫毛下一双乌黑晶亮的眼睛闪闪动人，再加上眼线精致的勾画，她的眼睛简直活力十足。当然，她也没有忘记给自己涂抹上金粉色的腮红，这使她就像是明媚的秋天一样湛蓝清新。看到林倩的妆容，关心她的同事们不由得都放下心来，他们知道，林倩重新找回了自我，彻底地从失恋的阴影中摆脱出来了！

真希望我们能够也给爱情一把刷子，一个睫毛膏，一个粉底，从而让爱情绽放美丽炫目的色彩，让爱情变得更加甜蜜，让果味的唇彩味道弥漫每一个女人的爱情世界。女人是情感动物，很容易受到感情的影响。就像事例中的林倩一样，面对失恋的打击，在不知不觉之中，她无心对镜，似乎已经没有需要她变得赏心悦目的那个人了。正是因为如此，她失恋的消息才会在办公事里不胫而走。幸运的是，同事的关心和好心使林倩意识到了自己的状态很糟糕，在恢复明媚妆容的同时，她也治愈了失恋的伤！

因此，女人一定要重视自己的妆容，使自己时时刻刻都有一个好心情，使自己永远对生活充满了希望和期冀！

小饰物传递出的内心状态

如果说服装和妆容能够使我们初步了解一个人的内心世界和情感，那么，那些不起眼的小饰物则更能够表现出一个人的内心深处。很多时候，我们会根据时间、地点和场合的需要来穿衣服、搭配合适的妆容。有的时候，我们会因为种种原因掩饰自己的内心。不过，小饰物会泄露我们心底的秘密，或者表现出我们不愿意为人所知的一面。众所周知，小饰物是非常小的装饰品，如手机链、耳钉、项链、戒指、耳环、胸花或者是头饰等。在选择这些小饰物的时候，因为它们主要起到搭配的作用，而且不像服装和妆容那么显眼，所以大多数人都会遵从自己内心的声音，因此，这些小饰物更能表现出人们内在的深层的心理，有的时候甚至会表现出人们的潜意识，以至主人本身在选择这些小饰物的时候也没有意识到它们即将传达的信息。

毫无疑问，自然之美总是让人沉醉，不过，一些人为的修饰则能够令人在自然的基础之上更增添几分靓丽。要想在细节处装扮自己，佩戴饰物无疑是最好的方式。在选择饰物的时候，首要的原则就是要与自己的个性匹配。因为饰物是极具个性的东西，不像有些衣服或者妆容那样是放之四海而皆准的。仔细观察一个人佩戴的小饰品，有助于我们更加快速准确地判断他的性格特征。

有些人喜欢用珠宝当装饰品，他们往往有完美主义情节，凡事都竭力追求完美，而且，他们的自我表现欲望不是那么强烈，更在乎自己能够完全融入某一种氛围之中，与其他人打成

一片；有些人很在意衣着搭配，喜欢佩戴胸针，他们非常重视自己在他人心目中的形象，内心深处希望自己能够引起别人的注意，却又习惯于用谦虚的态度来掩饰自己的这种心理；有些人喜欢戴手镯，他们大多精力充沛、很有朝气和活力，而且充满了智慧，非常自信，喜欢积极主动地追求自己想要的东西；有些人喜欢佩戴体积小、不太起眼的珠宝首饰，他们谦虚而又稳重，内心非常平静，在任何事情面前都能够保持顺其自然的心态；有些人喜欢佩戴体积大、璀璨醒目的珠宝，他们大多爱招摇和卖弄，富于热情，不管走到哪里，他们都能吸引许多人的目光，并且把自己的热情传染给别人；有些人喜欢具有民族情调的装饰品，他们个性鲜明，特立独行，为人处事立场坚定，有自己独特的想法和见解……

当然，饰品的种类还有很多，而且，即使是同一种类的饰品，不同的款式和质地之间也是有细微差异的，其反映出的人的心理也是完全不同的。在人际交往的过程中，我们可以观察别人佩戴的饰品，从而更好地了解别人，促进交往。

只要看到张骁，你就会知道她是一个非常特别的人。她穿着一身具有民族风情的衣服，手腕上还缠绕着一根骷髅头的项链当手镯。事实也确实如此，她非常有主见，特立独行，不管都到哪里都引人侧目。在大学毕业的时候，张骁没有接受学校保送她读研的机会，而是选择了去希腊留学。很多人留学都去美国、英国、法国等，但是唯独张骁选择去希腊。原来，她对考古情有独钟，她想去希腊与人类的先祖对话。尽管老师和父母都希望她能改变主意，但是没有人劝说她，因为他们都知道，张骁决定的事情从来不会轻易改变。

在众多饰品中，骷髅头无疑不是一个大众化的选择。很多人戴着它会觉得别扭，有的人即使看看它也会觉得难以接受。但是张骁不但选择了这个饰品，而且打心眼里喜欢它。这和她大学毕业后选择去希腊有什么必然的联系吗？也许有，也许没有，不过，她是一个特立独行的人，这一点是毋庸置疑的。

看看你自己的饰品吧，也许，即使作为主人，你在选择它的时候也没有意识到自己的深层心理呢！在和人交往的过程中，要想更好地了解他人，你也可以认真观察他们所佩戴的饰品，因为那是他们内心深处的外在表现。

手表，男人内心世界的反映

相比起女人众多的饰品来，男人可选择的饰品则少了很多。有的时候，行走在熙熙攘攘的大街上，看着一个高大魁梧的男人带着一根粗粗的金项链，我们会在他原本文质彬彬的外表下顿时感觉到一丝粗鲁，因为那根粗粗的金项链似乎瞬间降低了他的品位，使他有了些许暴发户的味道。由此可见，男人戴饰品比女人更讲究，万一戴不好，就会导致事与愿违。

在男性众多的饰品中，腰带、领带和手表无疑是最安全的选择。它们不会像金项链那样给人不好的感觉，反而能够提升男人的品位，使人瞬间感受到男人强大的气场。作为小提琴

家，盛中国出生于音乐世家，他很庆幸这一点，更庆幸自己和乐器中的皇后——小提琴结缘。他从事着世界上最美的事业，当然，在音乐的道路上，他曲高和寡，因而很孤独。对于音乐，对于小提琴，对于自己举世瞩目的身份，盛中国说：“音乐家就像一座火山，需要在日常生活中不断地积累，只有在火山喷发的那一刻才会无比激昂。那一刻就是我们站在舞台上献给观众最美的音乐的时刻。这就是人们所说的激情。”和大多数男人一样，盛中国也有自己最喜欢的装饰品——手表。盛中国说：“一块表包括了男人的方方面面，手表是表达男人内心世界的窗口。我个人喜欢古典表，皮表带，不太喜欢贵金属材质的表链。古典的东西是不会随着时间的推移被淘汰的。”盛中国认为，手表是最不张扬的装饰品。大多数时候，手表总是默默地隐藏在男人的衣袖之中，只有在不经意的举手之间，手表才会若隐若现。而正是这种含蓄和温婉，使手表成为成熟的有品位的男人的首选。手表的品牌、造型、质地往往能够反映出一个男人的品格、趣味和经济实力。盛中国喜欢手表，除了有些固定购买的品牌之外，他最大的乐趣就是在全世界范围内寻找形形色色的古董表。在他的收藏中，欧米茄的老表所占比重最大。经过几十年时间的沉淀，那些表拿出来还个个光鲜，其中大多数都是18K黄金古董表。这恰如优秀男人的品质，历久弥新，永不过时。在接受采访时，盛中国拿出3只古董欧米茄手表，并且笑着说：“因为担心被梁上君子光顾，所以我把这三只表分放在3所房子中，这样，即使万一遭盗了，也不至于损失太惨重。”这3只手表个个都有自己的故事。1只是郭沫若先生在毛主席去重庆谈判时赠送给毛主席的，盛中国有与其完全相同的一款。还有1只手表上没有欧米茄的品牌标志，只有英文字母，他觉得很特别，所以不惜花费重金买下来作为收藏之用。从盛中国收藏的手表之中，我们不难发现他是一个内心非常沉稳的男人，而且就像陈年的酒一样历久弥新，经过岁月的沉淀之后越发香醇。

当然，并非所有的手表都能够彰显男人的内心和品质。当男人为自己精心挑选一块手表的时候，一定要选择那些品牌的表，这样，他才能更加理解手表的内涵和文化，从而更会欣赏和鉴赏手表。那些廉价的仅仅作为计量时间所用的手表是不在此行列之中的，如果一个男人戴着一块非常平庸且廉价的手表，那只能说明他是一个普普通通的男人，需要一块手表来计时，仅此而已。如果想通过这块普通的手表看出男人的内心，那么只能观察手表的款式。当然，这也同样是很肤浅的。在众多手表中，真正懂得手表的人都钟情于机械表，这种看起来非常原始的表沉淀了人类的文化和精神。有很多手表的品牌都值得我们信赖，如劳力士，宝玑，欧米茄。宝玑的文化含量最高，内涵丰富。它特别注重手表设计与艺术、文化的结合。它的内涵很丰富。相比之下，劳力士更像是一个工业产品。它精确、结实，大产量，品质深入人心。它是工业社会不断完善发展的产物。在这几个品牌之中，欧米茄无疑是一个具有艺术性的品牌。很多人喜欢收藏欧米茄的古董手表，它们完全可以被当成艺术品来赏鉴。

尽管很多人都不看好小米和林峰的婚姻，但是小米还是坚

定不移地嫁给了林峰。其实，很多人都曾经告诫小米说有钱的男人都不可靠，但是小米心里清楚，林峰虽然年轻有为，事业有成，春风得意，但是他是一个内心非常沉稳的人，他很清楚自己想要的是踏实平凡的生活，而不是像在狂风暴雨的海上冲浪一样的刺激和新鲜。小米为什么如此确定林峰的秉性呢？这一切都因为小米看到了林峰的手表。虽然身家过亿，林峰却戴着一块丝毫不起眼的劳力士。这是劳力士的经典款，给人一种大气稳重的感觉，就像一个成熟的男人，散发出无穷的魅力。后来，一次购物的时候，林峰恰巧还要买一块手表，于是小米试探性地让营业员拿出来一块镶钻的表，谁知道，林峰看了一眼就连连摇头，说自己不喜欢上面闪闪发光的钻。后来，林峰还是挑选了一块没有什么出奇之处的表。小米知道，表如其人，看林峰的手表，就知道他内心的品质。正是因为如此，再加上一段时间的相处，小米义无反顾地决定嫁给林峰。

对于男人来说，手表是身份和价值的体现，在岁月的磨砺中，成熟的男人已经褪却浮躁与虚华，所以他们愿意自己的手表躲在袖子里不显山不露水，而只在不经意的一抬手之间让人洞见其深藏的“厉害”。对于一个男人而言，应该养成豁达开朗的性格，要知道，有容乃大真男人，只有这样的男人，才能经过岁月的沉淀，最终真正拥有一块属于自己的高品质的品牌手表。

领带，男人性格特点的表达

对男人来说，可供选择的饰品的种类是很少的，其中，领带是一种可以引人注目而且可以频繁变化且不至于过分张扬的饰品。尤其是在穿西装的时候，领带更是一种必不可少的饰品。当系上一条领带之后，原本非常沉闷严肃的服饰会在瞬间显得活泼跳跃起来，使沉稳的男士不乏味，使追求时尚的男士变得更加优雅。领带虽然只是细细的一条，但是它从男人的脖子下面一直延伸到腰带上面，能够很好地调节男士整体着装的色彩和节奏。不管是什么样的衣服，也无法掩盖领带流露出的那一份变化，那一份色彩和那一份雅致。在这方面，男人们有着无穷无尽的想象力，因为饰品的选择范围很小，所以很多男人都在领带的搭配上挖空心思，希望以此将自己丰富的内心世界表达出来。于是，世界上有了很多关于领带的约定俗成的看法。以领带的底色为例，有人说蓝色代表含蓄、飘逸和诱惑；红色代表炽热、爱恋和关怀；而黑色则代表深沉、稳重和执着。再以领带的花纹为例，其象征意义可谓不胜枚举。有人说，圆点代表倾慕，方格代表智慧，斜条代表洒脱。因此，男人对于领带的钟爱便显得理所当然，并且具有坚实的心理基础。

不知道从什么时候开始，男人对于领带的戴法形成了非常严格的清规戒律。刚开始的时候，领带是必须和西服、皮鞋配套的，西方的绅士们更是将此奉为金科玉律，甚至有人觉得必须将西服三件套穿齐了才能佩戴领带。如今，随着社会的发展，潮流的多样化，时尚的定义也越来越宽泛，很多穿夹克

衫、穿风衣、着便鞋或运动鞋的人也在自己的脖子上系上了一条领带，并且表现出了别致的韵味。这种随意的搭配使领带的表现力更加丰富，从而更加体现出时代所崇尚的人格的独立与精神的自由。正如女人对于时装的不懈追求一样，男人对于领带也有着同样的不懈追求。他们求新求变，求一份自由潇洒与不羁。曾经有一位服装设计师说过，男人的一套西装至少应配备十条领带。由此可见，在审视男人的服饰时，我们无疑应该关注他们的领带。从某种意义上来说，领带就像是男人内心世界的小小窗口，我们可以从中看到男人内心世界中那一方变幻莫测的天地，从而更好地了解男人，与男人交往。

在舞会中，清心认识了一个很不错的男孩，而且她答应了他的邀约。今天就是约会的日子了，清心虽然觉得很快乐，但是又似乎有些紧张。他们先一起去看了场电影，看完电影之后，他们走进一家高级的餐厅用餐。在浪漫的烛光中，男孩突然告诉倾心：“你比我想象得更加迷人。”清心害羞地躲避着他的目光，突然之间，她的视线停留在他的领带上……那是一条非常花的领带，浅粉的底色，上面有着碎碎的花朵图案，而且很抽象，图案层层套叠，看不清楚，而又很有立体感和层次感。清心对男孩说：“你的领带很别致。”提到领带，男孩眉飞色舞，他滔滔不绝地说：“是的，我很喜欢这条领带。而且，我的所有领带都是这种风格的。我不喜欢那种非常沉闷的领带，因为千篇一律，毫无新意。这条领带是我在商场里转了好几个小时才精心挑选到的，我一见就很喜欢。我觉得这种领带能够给生活注入活力，带来激情。”清心若有所思地点了点头，淡淡地说："看得出来，你是一个很热爱生活的男人。"这次约会结束之后，清心再也没有接受过这个男孩的邀请，更没有和他约会过。也许，男孩至始至终都不会明白，清心有着领带情结，她不喜欢打花领带的男生，因为觉得他们在追求生活激情的同时总是有点儿喜新厌旧的嫌疑。

也许是巧合，然而事实正与清心的推测不谋而合。在很短的时间内，这个男孩就和另外一个女孩子拍拖了，而且很快又与这个女孩子结束了彼此之间的关系。清心很庆幸，自己通过领带避免了一场伤人伤己的闪电恋爱。

也许只是巧合，也许是不谋而合。其实，清心的推测未必百分之百地正确，但是，很多时候，领带确实能够折射出一些男人的内心。世界上的事情很难两全其美，那些喜欢传统样式与颜色的领带的男人虽然有些沉闷，但是非常有责任心，成熟稳重；那些喜欢花领带的男人虽然非常富于激情，但是会使恋爱变成烈火与干柴的偶遇，来得快去得也快。对于女人来说，应该想清楚自己在爱情中想要得到什么，然后再通过各个方面的考察去综合衡量对方是否符合自己对于爱情的希望和憧憬，这样才能使恋爱变得更加甜蜜。对于身上很少有饰品的男人，女人完全可以在观察其服饰之后认真地观察其领带。因为，越小的细节，越容易表现出一个人无法掩饰的内心。

鞋和腰带中隐藏的性格密码

不管是男人还是女人，腰带和鞋子都是必不可少的饰品。尤其是男人，因为可供选择的饰品太少，所以更应该把关注的重点放在鞋和腰带上。也许有些男人认为没有必要花太多心思在这个方面，但是，看着女人们在腰带和鞋子的选择和搭配上潮流尽现，花样百出，你怎么能不心动呢？而且，鞋子对于一个男人来说至关重要，往往能够使男人一身的装扮显得更加尽善尽美。至于腰带，则更是男人必不可少的装饰品。即使穿着再高档的服饰，假如鞋子和腰带没有搭配好，那么男人的服饰也会在瞬间黯然失色。由此可见，细节也是至关重要的。

不同的鞋子和腰带往往给人不同的感觉，而且，对于鞋子和腰带的选择，往往能够表现出男人不可掩饰的内心。因为越是细节的东西越是发乎本心，无法掩饰。时下，潮流尽现，对于潮男来说，腰带和鞋子在整体的服饰效果中特别重要。鞋子的重要作用毋庸置疑，行遍万里路，如果没有一双适脚的鞋子肯定不行。而且，鞋子是一个人的重心所在，还会对整体的服饰搭配起到关键性的作用。此外，腰带是男性的必备佩饰之一，其材质有布质、皮质、金属及其他材质，不同材质或材质之间的搭配又能够体现出多种元素，例如，皮质加金属能够表现出朋克风格，而事业有成的男士则大多数选择高档的皮质腰带。有的时候，从一个男人的头、腰和脚，我们就能看出他的内心世界。

皮特是玩摇滚的，这一点，在我见他第一面的时候就有这种感觉。尽管我当时没有确定他是玩摇滚的，但是这种感觉非常强烈。他穿着一身机车服，腰间系着一条金属光泽的腰带，材质也是金属的。他的脚上还穿着一双马丁靴，鞋帮缀满了铆钉。他来应聘快递的工作，但是我发现他并不适合这份工作，因为我确定对他而言这份工作过于枯燥乏味。我建议他找找其他的工作，他说可以考虑。在分别的时候，我还是没有忍住地问他："你喜欢摇滚吗？"正准备出门的皮特回过头来，他的眼睛熠熠闪光，他很惊喜地问："你怎么知道？"我笑了笑，说："仅凭你的腰带和马丁靴，我就感受到了你身上扑面而来的摇滚气息。其实，你可以去乐队试试，也许那更适合你。"皮特笑了，他说："我也是这么想的。"他高兴地离开了，似乎是为我发现了他身上的摇滚气息才这么高兴的。

很多时候，我们可以掩饰自己的内心，在某一个特定的场合，我们甚至可以伪装自己。但是，那些我们非常心爱的饰物会出卖我们，因为它们是我们在潜意识的驱使下精心挑选出来的。其实，不仅是皮特，很多人的腰带和鞋子上都有着自己内心的痕迹。一个商务型的男士很少有机会穿马丁靴，即使穿，或许也无法穿出那种桀骜不驯的味道来，因为他的内心就是严谨的、一丝不苟的。还有腰带，什么样的腰带配什么样的人，抑或说，什么样的人就会为自己选择什么样的腰带。说法不同，但是最终的结果是完全一致的。这就像是一种宿命，偶然之中有着必然。

从近些年的流行趋势看，鞋子的款式呈现出了更多的元素和风格。然而，很多男士往往只钟情和局限于某一种鞋子。

鞋子非常重要，它能凸显一个人的品位，是男人得力的时尚工具。不管是鞋子还是腰带，都应该与自己服饰的整体色调保持一致，既不应显得太沉闷，也无须过于突跳。总而言之，千万不要小看腰带和鞋子，尤其是对于男人而言，它们往往会泄露你心底的小秘密。

第02章 解读表情，发觉细微变化背后的情感波动

他的眼睛会“说话”

早在两千多年前，孟子就从识人的角度说：“要想观察一个人，再没有比观察他的眼睛更好的了。眼睛无法掩盖一个人内心的丑恶，只有心中光明正大，眼睛才会明亮；若心中不光明正大，那么眼睛就昏暗不明，看人的时候躲躲闪闪。因此，听一个人说话的时候，应该留心观察他的眼睛，这样一来，他的善恶真伪就无处可以隐藏。”意大利文艺复兴时期的画家达·芬奇也从人物画的角度说，“眼睛是心灵的窗户。”日莲宗的《妙法尼》中也说：“巨人也好，侏儒也罢，其志气乃表现在一尺的脸上；一尺脸上的志气，则尽收在一寸的眼睛之中。”由此可见，在观察一个人的时候，与其察言观色，不如观察他的眼睛。

随着科学技术的发展，经过研究，科学家发现瞳孔不会“说谎”，它是生命机能灵敏的显示器，是大脑的延伸。瞳孔对兴趣的反应灵敏到了使人无比震惊的程度。实验证实，对于两幅相同的画，人们无法分辨出其中细微的差别，而瞳孔的反

应却能显示出来。“经常读书且善于思考的人，眼神中就会有一种特殊的光芒。”迄今为止，林肯所说的这句话仍然鼓舞着人们用读书来充实自己的心灵，使自己的眼睛熠熠闪光。没有任何两个人的眼神是一样的，对于眼神的细微捕捉，使人们能够准确地把握别人的心理，例如，在危急情况下，人们总是习惯于通过注视对方的眼睛来了解对方的心理的变化。举例而言，在情势瞬息万变的赌场上，赌徒根据庄家瞳孔的变化来投注；在珍宝商场之中，珠宝商也往往会根据顾客瞳孔的大小变化来开出价格。由此可见，眼睛确实是人类心灵的窗户，能够折射出人们内心深处最微妙的变化。因此，在人际交往的过程中，你若想真正地了解一个人，就应该注意捕捉这个人的眼神及其细微的变化，从而更加深入地了解他。

内心真诚、胸怀坦荡的人在看别人的时候往往非常沉静，他们的眼神清澈如水，毫无遮掩地一直看到人的灵魂深处；心怀不轨的人眼神总是躲躲闪闪、鬼鬼祟祟，很多警察正是通过眼神识别出小偷或者是罪犯的身份；心中有疑惑的人眼神也会情不自禁地带着探寻的意味，因为他们时刻想要寻找到答案；怀有赤子之心的人眼神就像孩童的眼神般澄澈，使人觉得无比安静、踏实；撒谎的人不敢用眼睛直视别人，因为他们总是心里发虚，不知道应该如何面对别人的真诚……这就是眼神的魔力，如果你想了解一个人，首先要捕捉他的眼神，这样你才能无限贴近他的心灵。当然，眼神是千变万化的，眼神的变化也是极其微妙的。因此，我们在观察别人眼神的时候一定要细心、认真、严谨。有些眼神的变化速度非常快，而且持续的时间很短，甚至达到了转瞬即逝的程度，只有细心的人才能够及时捕捉到。

不用询问，只需要看着他的眼睛，我就知道，这次的期末考试，杰克肯定有没有考好。我悲哀地想着。因为他的眼神已经让我一览无遗地看到了真相。今天下午放学回家之后，杰克没有像往常一样扑进我的怀中拥抱我，而是用他褐色的眼睛游移不定地看着我，似乎在寻找着什么。我随口问道："期末考试的成绩出来了吗？"杰克的眼神躲闪着，盯着不远处的地方，很快地说："还没有呢，没有。老师说，也许还要再等两天。当然，也许明天就会出来的，也说不定。"杰克很反常，他不是个会说谎的孩子，我总是能够从他的眼睛里看到真相。我佯装无事地安慰他："哦，那就再等两天吧。其实你不必紧张，因为成绩只代表你的过去，态度才决定你的未来！"第二天，我还是没有问，我佯装忘记了这件事情。不过，杰克主动把试卷拿给我看。原来他考了七十几分，情况还不算太糟糕，我的心情稍微放松了些。我让杰克自己发现问题，补足差距，我相信他一定能做得很好，我也相信他不会再因为考试成绩的事情对我撒谎，因为我的态度已经给他吃了一颗定心丸。

在面对别人的询问时，撒谎的人很难做到眼睛直视着别人。当然，若是心理素质非常好的人，也有可能会眼睛直视着别人撒谎。但是，即便如此，他的眼神也一定会显得生硬呆滞，很不自然。虽然知道杰克撒谎了，但是妈妈选择不戳穿他，因为她知道保护孩子的自尊心和消除孩子的恐惧心理更重要。

在生活中，我们的心理随时随地都处于细微的变化之中。

此时，我们的眼睛会折射出我们内心深处的活动。当然，我们也可以通过这个途径去了解别人。有的时候，人们甚至可以通过眼神与动物交流，由此可见，眼睛是心灵的窗口。

通过笑态解读他的性格

在生活中，总是有一些事情会使我们觉得伤心，使我们情不自禁地哭泣，但是，也有些事情会使我们或者会心地微笑，或者开怀大笑。可以这么说，每个人的一生都离不开哭和笑，尤其是笑。一个人也许一辈子都不会哭，但是他绝不会一辈子都不笑。如果一个人始终不笑，那么生活对于他就失去了意义，幸福也就失去了源泉。在这个世界上，每个人都是独一无二的个体，这也就决定了每个人的哭和笑都是与众不同的。要想了解一个人，我们可以从观察他的笑态入手。众所周知，人们只有在非常放松且愉悦的情形下才会笑，而在这种状态下，人的戒备心理也是最弱的，他们很容易毫无保留地袒露自己的内心，使自己变得更加真实自然。所以，笑态也是最能够表现人的内心状态的。要想更加深入地了解一个人的性格，我们可以更好地观察他的笑态，从而走进他放松状态下的心灵。

笑有很多种，不同的人笑的风格是不一样的，即使是同一个人，在不同状态下的笑态也是不一样的。有些人喜欢开怀大笑，他们非常爽朗，真诚而又热情，往往行动迅速、处事果然，尽管外表坚强，而内心有的时候却很柔弱敏感；有些人喜欢捧腹大笑，他们往往能够最大限度地理解和宽容别人，富于幽默感，能够给周围的人带来快乐，他们心无城府，乐于助人，为人也比较正直；有些人一笑起来就停不下来了，甚至笑得前仰后合，眼泪都出来了，他们往往感情细腻，对待朋友非常真诚，愿意为了自己所爱的人牺牲自己的利益，是典型的性情中人；和前面这几种笑起来毫无保留的人不同，有的人即使笑的时候也是小心翼翼的，他们生性保守，戒备心理很强，不会轻易地付出真心，但是一旦认准了一个朋友，就会无怨无悔地付出，这种人虽然刚刚认识的时候看起来很冷漠，其实却是面冷心热的好朋友；有些人总是面带微笑，他们心态平和，很善于隐藏自己，从他们一成不变的笑容中，人们很难看透他们的内心；笑的时候用双手遮住嘴巴的人往往内向腼腆，性格温柔，他们很少告诉别人自己的真实想法，习惯于活在自己的世界之中，不会主动地向别人倾诉，更不会主动攻击别人，他们是非常温和的；还有的人笑起来断断续续，其实，这并非一种真笑的状态，而是一种假笑，很多时候，他们之所以笑，是为了敷衍别人或者是掩饰自己的内心，他们的城府很深，要谨慎与之交往。

笑的种类还有很多，在与人交往的过程中，我们要结合具体的情境具体分析，既不能忽视笑态的折射作用，也不能单纯地以笑态作为依据去判断一个人。只有结合众多情况认真分析、用心感受，我们才能够更加了解别人的内心世界。

张明是我们办公室的开心果，几乎每个人都很喜欢他。其实，他丝毫没有什么特别之处，除了他的笑声以外。我很少看到一个人每次都像张明那样笑得那么投入，不管是什么事情，

只要是有任何可笑的地方，张明就会立即哈哈大笑起来。他笑的时候简直是心无杂念，似乎一切的烦恼都在笑声中离他远去了。有的时候，他会笑得弯了腰，甚至会笑出眼泪。刚开始的时候，同事们以为张明是故意装作那么可笑的，后来，时间长了，大家才知道他的确是觉得非常好笑，而且是发自内心地哈哈大笑。因为张明心无城府，待人真诚，所以，渐渐地，同事们都愿意和他交往，觉得和他在一起的时候非常轻松，而且总是笑声不断。

从张明的笑声中，我们感受到了他的真诚和直率。在沉闷的办公室中，张明的笑声就像炎炎夏日里的一丝清凉，又像寒冷冬日中的一缕阳光。正是因为有了他的笑声，办公室的气氛才显得不那么沉重，同事们之间的关系才会在笑声中变得越来越融洽。他的笑声能够感染大家，使每一个人都心无芥蒂地笑起来。

这就是笑态的魔力。很多时候，笑声之所以具有无穷的魔力，其实也是因为笑态的影响。在欢乐和放松的情况下，人们才能够更好地面对生活，对生活和生命充满热爱。你想了解他吗？那就观察观察笑着的他吧，他的笑容会告诉你一切的秘密！

透过表情看懂他的内心

有人说，表情是人们内心的晴雨表，同时也是现在的社交活动中少数能够超越文化和地域的一种交际手段。很多时候，因为语言不通，我们无法和其他国家与地区的人交流，但是，一个偶然的机会，人们惊讶地发现，来自不同国家的婴儿们竟然能够很好地交流。这是因为婴儿之间的交流不需要借助于具体的能够表情达意的语言，而只需要借助于自己的表情和身体语言。因此，人们发现，即使人们来自不同的国家，有着不同的肤色，说着不一样的语言，也可以用表情来传递彼此之间共同的心愿。不过，表情并不是内心的完全表现，很多时候，因为种种原因，人们会试图掩饰自己的内心，所以使得自己的表情具有迷惑性。假如一不小心，我们就会被人们刻意伪装出来的各种表情所蒙蔽，导致判断错误。

很多人将表情称为人们的“面具”。众所周知，人的脸部有43块肌肉，基于人们对“甜”和“苦”的本能的生理反应，形成了“愉快”和“不愉快”两种最基本的人类表情。心情“愉快”的人面部的肌肉会自然松弛，而心中“悲哀”的人则会情不自禁地伤心落泪。很多时候，语言的表白是乏力的，表情甚至能够比言语更明显地表达人们心理的动态。不仅人与人之间能够感受到对方的表情所表达的感情，有的时候，动物与人之间也能够通过表情来表达微妙的感情。例如，动物在遇到敌人的时候会龇牙咧嘴，以便能够威慑敌人，让敌人不敢靠近。在前些年上映的李安执导的电影《少年派的奇幻漂流》中，少年派与一只老虎一起漂流在大海上，为了驯服老虎，派对老虎做出了非常凶狠的表情，最终成功地威慑了老虎，吓退了老虎，征服了老虎。由此可见，表情是很多生物所共有的。不过，人类与动物的表情有着一些不同，即动物不会隐藏自己

的心思，而是毫无保留地把自己的所有心思都写在脸上，但是人类则不可能把所有情绪都一览无余地表现在脸上。对于人而言，表情既是心情的写照，也是一种有效的沟通和交流的方式。很多时候，如果一个人正在撒谎，那么他的表情也会相应地撒谎——为了配合谎言而做出一些虚伪矫饰的姿态，目的在于使人们相信他的谎言。

尽管人们极力地掩饰自己的内心世界，给自己戴上表情的“面具”，但是面部的细微表情还是会出卖人们的心灵。因此，要想了解一个人内心深处的真实想法，我们就要学会细致地观察人的表情，从而读懂其潜藏在心中的秘密。早在古代社会，中国人就研究出了以脸型、相貌等占测一个人的性格与命运的相面术，尽管结果未必完全准确，但还是有一定的科学依据的。把这个技术运用到现代的社交活动中，我们则可以通过一个人的表情和面相来大致推测一个人的性格，从而更好地了解对方，更好地与对方相处。

梁惠王非常有野心，想要建功立业，因此广招天下高人名士。有人曾经多次向梁惠王推荐淳于意。所以，梁惠王几次召见淳于意，而且每一次都屏退左右与他倾心密谈。不过，梁惠王前两次召见淳于意的时候，发现淳于意总是沉默不语，这使梁惠王非常难堪。事后，梁惠王不满地责问推荐人：“你说淳于意才华横溢，有管仲、晏婴的才能，其实并非如此。也许，我在他眼里是一个不足与言的人，要不他面对我的时候为什么总是一言不发呢？”

推荐人以此言问淳于意思，他笑着回答说：“事实的确是这样的，虽然我很想与梁惠王倾心交谈。但是，第一次的时候，梁惠王脸上有驱驰之色，我想他一定在心中暗暗想着驱驰奔跑之类的乐事，因此我就没有说话。第二次，我见他脸上有享乐之色，我断定他肯定在想着声色一类的乐事，因此我也没有说话。”

那人把淳于意的话原封不动地转达给梁惠王，梁惠王经过仔细回忆，果然如淳于意所言。自此之后，他非常叹服淳于意的识人之能。

李楠赶到面试地点的时候时间已经有点儿晚了，她急急忙忙地挤进了一个货梯，裙子不小心被一个推着小车的工人扯了个口子。情急之下，李楠想不到什么补救的措施，只好既来之则安之了。她用手捂着裙子的缺口小心翼翼地往应聘地单位走去。时间刚刚好，下一个就是李楠了。见到面试官之后，李楠虽然准备得很充分，却始终神色慌张。坐在椅子上之后，她裙子上的大口子就捂不住了，她很担心面试官会看到。看到李楠的表情，面试官终于忍不住问李楠是不是遇到什么困难了，李楠支支吾吾地把刚才的情况讲了一遍，面试官建议李楠还是先回家解决衣服的问题，再找一个合适的时间过来面试，因为她现在紧张的状态很容易影响面试的效果。

在第一个事例中，淳于意正是从梁惠王的表情中参透了他的内心世界，所以两次都默不作声。在第二个事例中，其实面试官根本不知道李楠是否遇到了困难，而李楠也极力掩饰自己的情绪，想以最好的状态参加面试。尽管如此，面试官还是从李楠的表情上感觉到了她的异常，因而询问李楠是否遇到了什

么困难。由此可见，很多时候，我们并没有办法毫无痕迹地掩饰自己内心的情绪，总会或多或少地表现在表情上。细心的人总是能够捕捉到这种微妙的表情，体察别人的内心，从而更好地了解别人。

小动作告诉你：他在撒谎

通常情况下，人们触摸鼻子的时候是用手在鼻子的下沿飞快地摩擦几下，有的时候，甚至只是略微轻触，其他人往往很难觉察到这个动作。和男人比起来，女人在做这个手势时的动作幅度更小，这可能是因为女性必须顾及自己的妆容，不想把脸上的妆容弄花。渐渐地，人们开始了解到摸鼻子的人很有可能是在说谎，当然，也可能是他们鼻子痒痒想打喷嚏，这个因素是没有办法绝对避免的。所以，即使我们可以通过观察一个人是否在摸鼻子来侧面判断他是否在说谎，也不能据此作出绝对的判断。此外，当一个人处在焦虑不安或者愤怒的情绪之中的时候，他的鼻腔血管也会有些膨胀，导致出现触摸鼻子的情况。由此可见，观察一个人是否在摸鼻子只是一个有用的鉴定对方是否在说谎的辅助手段，而不是一个完全判定的手段。借助这个手段判断一个人是否在说谎的时候，应该记住这样的一个规则，即单纯的鼻子发痒只会引发人们反复地摩擦鼻子，而这个动作和人们整个对话的内容、频率和节奏之间没有任何关联；相反，如果你发现这些事情之间存在某种联系，那么你就必须仔细甄别他所说的话的真伪性了。

这个周五，老公打电话给我说他要留在公司加班到凌晨，然而，他说话的时候非常迟疑，完全不是平日里的语气。我知道，他在撒谎。在电话里，我并没有揭穿他，而是于下班之后来到他的公司楼下等着他。他下班之后，我悄悄地跟踪他，因为我想知道他最终去了哪里。我发现他只是跟好朋友们聚会。他之所以选择向我隐瞒真相，可能是因为我曾经说他们是“狐朋狗友”。凌晨的时候，他意犹未尽地回到家里，我没有睡觉，一直在等他，并且贴心地准备了宵夜。我假装毫不知情，凝视着他的眼睛问他：“今天工作是不是很辛苦？”他情不自禁地摸了摸自己的鼻子，眼睛看着别处说：“我努力工作都是为了让你和孩子过上更好的生活，我一点儿都不觉得辛苦。”

我知道，男人说话的时候摸自己的鼻子，则意味着他是在说谎。对于老公的谎言，我一笑置之，并没有选择当面戳穿他。在现实生活中，假如我们碰到的是没有恶意的小谎言，那么最好不要介意。也许，面对撒谎的爱人，我们更应该做的是检讨一下自己，问问自己爱人为何要选择对自己说谎，这样才能使自己更完善，使夫妻生活更加和谐。

在上述这个事例中，妻子之所以能够确定丈夫是在撒谎，是因为她已经通过跟踪的方式了解了丈夫下班之后的去向。毫无疑问，撒谎确实是诱使人摸鼻子的原因之一。为了仔细并且深入地研究这一现象，美国的神经学者阿兰·赫希和精神病学者查尔斯·沃尔夫深入研究了比尔·克林顿就莫妮卡·莱温斯基的丑闻事件向陪审团陈述的证词，他们发现，在陈述的过程

中，克林顿说真话的时候几乎从不触摸自己的鼻子。但是，只要一撒谎，他的眉头就会在谎言出口之前情不自禁地微微皱一下，而且他会高频率地触摸鼻子，几乎每隔四分钟左右就会不由自主地触摸一次鼻子，在陈述证词期间，他触摸鼻子的总数居然高达26次。

摸鼻子——你在撒谎吗？在日常生活中，要想避免谎言被识破的尴尬，我们就要真诚地对待别人，而不能恶意地欺骗别人。同样，在人际交往的过程中，要想识破别人的谎言，我们就应该综合各个方面的情况来判断对方的内心状态。当然，说话的时候摸鼻子也是一项不容忽视的考察指标。

面部表情：写在脸上的真实情绪

所谓表情，其实就是人们的情感的外部行为特征。在人际交往的过程中，表情的作用非常重要，不仅可以传达信息、交流情感，也是了解他人主观心理状态的客观指标之一。人们常说的“察言观色”，就是借助表情的辅助作用，在他人的举手投足之间洞悉他人的内心深处的动态与微妙变化。通常情况下，表情并非仅仅指面部表情，也包括言语表情和肢体表情。在这里，我们即将重点讨论的是面部表情。面部表情，顾名思义，就是通过眼、眉、嘴和面部肌肉的变化来表现人的情绪状态。其中，尤其以人的眼神变化最为重要，最为微妙细致，最为传神。其次，嘴角和眉头肌肉的变化也能够生动地传情达意。

达尔文在《人类和动物的表情》中指出，现代人类的表情和姿势是人类祖先表情动作的遗迹，在最初的时候，这些表情动作具有一定的适应意义。因此，在人类发展的过程中，这些表情动作就成为遗传的东西而得以保存下来。举例而言，在远古时代，人类祖先在愤怒的时候会咬牙切齿、鼻孔张大，在现代社会的搏斗中，这种表情同样是一种非常常见的适应动作。正因为表情有其生物学的根源，因此，如喜怒哀乐等最基本的情绪都属于全人类共有的原始表情，这些表情没有地域和国界的限制，是放之四海而皆准的。

人的面部表情非常微妙，变化迅速、细致而又快捷，因此可以真实准确地反映情感，传递很多语言无法准确传达的信息。通常情况下，面部表情可以分为下面的几种类型：

1. 愉快的表情

这种表情通常在人们心情愉悦的时候出现，具体表现为微笑、大笑、狂笑等。

2. 悲苦的表情

人类社会的发展总是伴随着喜悦与痛苦，因此，悲苦的表情和愉快的表情一样非常常见，具体表现为悲哀、伤心、痛苦等。

3. 难看的表情

人类有很多劣根性，在这些劣根性的驱使下，人的本性中有着恶的一面。例如，人们常常在嫉妒心理的驱使下嫉妒别人，有时便会出现嫉妒的表情；有的时候，人们迫于无奈，总是说着言不由衷的话，心不甘情不愿地做着一些事情，这时他

们的脸上便会偶尔浮现伪善的表情。

4. 正义凛然的表情

和人性本恶一样，也有人说人性本善，这是因为人的本性中有着很多善良的品质。这些品质促使我们成为一个善良的人，能够正视一些邪恶的力量，并且为了伸张正义而努力，这时脸上浮现的就是正义的表情。例如，仇视一个恶人，指责一个心术不正的人，反抗邪恶的势力等时候脸上的表情。

5. 恐惧、惊异的表情

人类生活在这个世界上，还有很多未曾了解的事情，所以，在生活中，人们总是会遇到一些使自己非常恐惧和惊讶的事情，因而表现出惊异、恐惧的表情。除此之外，很多美好的事情也会使人产生惊异的感觉，例如，很多人在见到人间天堂——九寨沟的美景时总是情不自禁地露出惊异的表情，感到叹为观止！

6. 思考的表情

人类社会之所以能够不断地进步和发展，就是因为人是一种善于思考的动物，这也是人与其他动物之间的本质区别。在日常生活中，面对很多事情的时候，人们总是情不自禁地陷入思考之中，或者深思熟虑，或者略一深思，大多数人都有的回忆也是一种思考的状态。

一个间谍被抓住了，不管经受了怎样的严刑拷打，他始终都没有暴露自己的身份。最终，正当准备放了他的时候，军官想出了一个办法，决定再进行一次最后的努力。军官让士兵把间谍带去洗漱干净，并且为他准备了整洁的衣衫。穿戴整齐的间谍被军官邀请一起共进晚餐，在开始吃饭之前，军官为自己对间谍的误解表示歉意。间谍始终紧绷的神经松懈了下来，席间，他虽然仍然保持着警惕，但是已经能够与军官谈笑风生。看似不经意间，军官谈起了某个国家的著名的间谍集会，突然，军官惊喜地发现面前的这个间谍陷入了回忆之中，他的表情非常奇怪，似乎在无限回味那个盛大的集会。军官心中窃喜，他当即断定，自己面对着的这个人就是一个地地道道的间谍，而且他曾经参加了那个著名的间谍集会。结果可想而知，军官并没有放这个间谍走，而且借此机会识破了间谍的身份。

在这个事例中，间谍久经考验，最终却因为情不自禁地陷入了回忆而暴露了自己的身份。很多时候，我们可以经受住一些明显的考验，却会在不知不觉之间陷入对一些事情的回忆之中，并且因此而暴露自己的内心状态。

根据科学人员的研究，人们发现，在交往的过程中，在传达信息的时候，表情所起的传情达意的作用是非常重要的，有的时候，它的作用甚至比语言更加重要。即使在语言不通的情况下，表情也能够帮助人们进行沟通和交流。所以，我们应该了解各种各样的面部表情，这对于人际交往是非常有好处的。

微妙心理，藏在眉间

面部的表情是非常微妙的，其中，眉态的传情达意作用也不可小觑。很多人在说话的时候会情不自禁地挑动自己的眉毛，这其实是在表达自己内心的一些动态。有些人即使不经常

挑动自己的眉毛，当心理活动非常剧烈的时候，他们的眉毛也会不由自主地表现出一些情态。古代的时候，曾经有一些关于眉毛的成语，例如，眉飞色舞，就是形容人说话的时候心情愉悦的，这个词语传神地表达出一个人说话时的情态。实际上，人们在与人交谈的时候，总是会不断地挑起眉毛，也许他们并不自知，但是其他人则可以从他的眉态上看出他的内心动态。例如，有的人每当说到兴高采烈的地方就会眉飞色舞，有的人抱怨或者是唠叨的时候会皱起眉毛，有的人在思考的时候眉毛会蹙成八字的形状。眉毛的动作是非常丰富的，眉毛每一种的动作都表现出人们相应的情绪，如惊讶、欢喜、亢奋、愁苦、错愕、快乐、傲慢、疑惑、恐惧、愤怒等。

当一个人的眉头紧紧地皱在一起的时候，说明他正处于忧虑之中，他非常想摆脱眼下的困境，但是苦于一些因素的限制而无法如愿以偿。

当一个人的眉毛非常舒展的时候，说明他的心情很愉悦，心境平和。

当一个正在大笑的人有轻微的皱眉的行为的时候，则说明他在欢喜之余有着些许的惊讶或者是疑虑。

当一个人的眉角向下低垂的时候，说明他情绪低落，沮丧而失落。

当一个人在说到某些内容的时候眉毛扬起并于瞬间落下的时候，说明他很想强调自己所说的内容是值得人为之惊叹的。

在偶然见面的时候，若一个人在见到你的时候眉毛连闪，说明他见到你的时候心中充满了激动和喜悦，也许他很早就想见到你了。

当然，眉毛的动作是很多的，而且非常细微。只要你是有心人，在与人交流的时候就可以捕捉到别人的眉毛的细微变化，从而使自己更好地了解与洞察对方的心理变化，使彼此之间的交流变得更加通畅和谐。

毕业好几年了，作为大学时代的初恋情人，他们毕业后就各奔东西，相约为了事业而奋力拼搏。几年之后，在一个陌生的城市，倩突然听到身后有人在叫她的名字，她猛然回头，居然发现他就在身后笑盈盈地看着自己。他的眼中泛出惊喜的光芒，他的眉毛上挑，偶尔还会悸动一下。他就这么站着，凝神地看着他。从此以后，他们再也没有分开过，是命运安排他们重新相遇。很多年后，他问她："在咱们再次相见的一刹那，你是不是就已经决定天涯海角都和我在一起了？"她娇羞地说："是的，在我看到你脸上神情的一刹那，我就知道你心中对我的爱和渴望从来没有改变过，既然命运安排我们再次相遇，那么我就要珍惜这份难得的缘分。"

几年没有见面的初恋情人，在见面的刹那间，她就已经知晓了他的心意，这期间，除了他喊她的名字之外，他们没有进行任何的语言交流，这一切都要归功于面部表情的传情达意功能，尤其是他的眉毛惊喜地上挑着，而且因为激动不时地悸动。这一切都让她心动不已，所以她才会坚定不移地和他在一起。

很多时候，我们无须使用语言，因为语言在有的时刻是苍白乏力的。我们的表情会很好地表达和诠释我们的内心，给人以真实可信的感觉，使我们与别人的交往变得更加顺利。

第03章

察“眼”观色，打开对方的“心灵之窗”

眼神告诉你他内心的秘密

心灵是眼神之源，眼神是心灵之窗。科学家经过研究发现，眼睛是大脑在眼眶中的延伸，眼球底部的神经非常密集，有很多三级神经元，它们和大脑皮质细胞一样具有综合分析能力，再加上眼球的活动、瞳孔的变化直接受脑神经的支配，因此眼睛能够自然而然地反映出人的感情。而且，在眼球后方感光灵敏的角膜中含有1.37亿个细胞，它们时时地把接收到的信息传送到脑部。这些感光细胞非常灵敏，在任何时间内都可以同时处理150万个信息。这就意味着，即使是一闪而过的眼神，也能够在很短的时间内发射出千万个信息，表达丰富的情感和意向，泄露人们心灵深处的秘密。因此，尽管是简单的眼皮的张合、眼球的转动、视线的转移、眼与头部动作的配合，也能够产生非常复杂并且奇妙的眉目语，帮助人们传递信息、进行交流。科学家还发现，瞳孔的变化是一种本能，是人所不能自主控制的，因此，瞳孔的收缩和放大能够真实地反映出复杂多变的心理活动。如果一个人的内心感到气愤、消极或者是厌恶，那么他的瞳孔会收缩得很小；相反，假如一个人觉得愉悦、喜爱、兴奋，那么他的瞳孔就会扩大到平常大小的四倍；遇到不感兴趣的事情时，人们的瞳孔几乎毫无变化，这是因为他们感到无聊或者对眼前所见到的事物漠不关心。

很多时候，我们不喜欢与陌生人进行眼神的交流，或者即使偶有眼神的交流，也是转瞬即逝的。这是因为我们不愿意别人洞悉我们的内心，不愿意陌生人从眼睛走进我们的心灵。眼睛是心灵的直通车，每个人都应该重视自己的眼神在与人交流的过程中所起到的作用。同样的，要想更深入地了解一个人，我们也应该主动地与其进行眼神交流，从眼睛进入到他的心灵。眼神会泄露你内心深处的秘密，把你用语言竭力掩饰的真相赤裸裸地展示在别人面前。所以，我们要慎重地用眼神与人交流，更要怀着一颗真诚坦荡的心与人交流。

在初次见面的时候，或者在与人面对面地交谈的时候，我们可以通过观察一个人的眼神来了解他的很多方面，诸如性格、为人等。当然，即使眼神是了解他人的一个很重要的途径，我们也不能完全仅凭眼神来判定一个人，而要综合各个方面的情况进行考量。通常情况下，我们可以从一个人的眼神中读出很多信息，这一点是毋庸置疑的。一般情况下，心怀坦荡的人不会畏惧与别人眼神的对视，相反，心怀不轨的人或者是做贼心虚的人则往往无法正视对方的眼睛。曾经有人把自闭症儿童和正常儿童做了对比实验，实验结果显示，自闭症儿童不愿意与别人对视，即使与别人对视，对视的时间也比正常儿童的短了很多。这是因为自闭症儿童关闭了自己的心灵，所以才

出现这种现象。总而言之，在现实生活中，若是一个有心人，就能够从眼神之中发现很多别人内心的动态，从而更好地与人交往。在现实社会中，很多刑侦人员也正是通过观察人的眼神发现潜在的罪犯。

在一辆公交车上，一个便衣警察突然扭住一个男子不放，并且问车上的乘客是否丢失了什么东西。在警察同志的提醒之下，乘客们都开始检查自己的提包，有两个女士惊呼自己的钱包不见了。警察从男子的口袋中摸出了两个钱包，果然是那两个女士丢失的钱包。乘客们纷纷称奇，两位丢失钱包的女士则连声向警察表示感谢。乘客们不解地问警察：“在没有人发现丢东西的情况下，您是如何断定这个人是小偷的呢？”警察笑了笑，说：“与罪犯打交道多了，我自然能发现他们的眼神与常人的异常。正常人的眼神非常清澈，而且很坚定，不会游移不定；但是小偷的眼神则鬼鬼祟祟，非常警惕，而且流露出一种贪婪。在偷了钱包之后，他们的眼神更加紧张，总是四处偷窥别人，以便寻找机会脱身。在公众场合，你们也应该多多观察身边的人，尤其是要观察他们的眼神，这样才能更好地保护自己的人身安全和财产安全。”听了警察的话，乘客们恍然大悟，纷纷表示以后要多多留意身边的人的眼神。

在这个事例中，小偷行窃的时候并没有被抓住现行，却在得手之后准备逃脱的时候被警察抓住了。这是因为他鬼鬼祟祟的眼神出卖了他，暴露了他内心深处的忐忑不安。

在现实生活中，我们无须用看待小偷的心态去看待一切的人，不过，为了洞察别人的内心，我们倒是可以学习警察通过观察眼神了解别人心理的技能。

不同目光位置代表的意义

在生活中，在与人交往的时候，尤其是与人面对面地交谈时，我们难免要与别人进行眼神的交流。那么，为了表示自己的真诚，我们是低头不看别人呢，还是直愣愣地盯着别人看呢？这两种方式显然都不是最好的选择。避而不看别人，会使别人无法感受到我们的真诚；直愣愣地盯着别人看，又会使别人感受到一种局促和压迫，从而产生不好的感觉。那么，面对面地交流时，我们把眼球放在哪里才能表达自己的真诚呢？

当与别人面对面地交流时，我们既不能盯着别人看，也不能避而不看别人的眼睛，更不能使自己的眼神游移不定。因为游移不定的眼神会给人一种不值得信任的感觉，导致别人怀疑你，对你产生警惕心理。我们的眼神中应该投射出热情、坦诚和执着，这往往比语言更能够使别人对我们产生好感和信任。那么，我们应该把视线停留在对方身上的哪个位置呢？ 首先，我们要勇敢地迎接别人投射过来的目光，不管这种目光表达的信息是疑惑和不满，还是肯定和赞许，我们都要直接面对。一般情况下，在进行短暂的眼神交流之后，我们就应该移开自己的目光，以免彼此之间产生尴尬。研究证实，在与交谈对象进行眼神交流之后，我们应该及时把目光移到对方的双眼与嘴部之间的三角部位，这里是停留眼神的最佳位置，不仅能够使对

方感受到你的真诚，也可以向对方传达出礼貌和友好的信息。在交谈过程中，有些人会把目光放在别人的脖子与胸部之间，这是一个容易引起歧义的位置，尤其是当交谈对象是异性的时候。还有的人把目光放在交谈对象身边的物品上，这则容易使人觉得你对眼下正在进行的话题毫无兴趣，没有继续谈下去的欲望。也有人盯着自己的脚尖或者是手看，这样的人往往给人一种性格内向、胆小怯懦的感觉，无法使人感受到他真诚而有力的目光。所以，真诚的你应该把目光放在交谈对象的双眼与嘴部之间的三角位置，这样才有利于你们之间谈话的进行与感情的沟通。

在众多的应聘者中，面对着面试官炯炯如炬的目光，只有黎明坚持下来了，因此，他最终从几十个应聘者中脱颖而出，争取到了工作的机会。其实，这是面试官采取的压迫面试，这种面试的目的就在于测试应聘者的心理素质。大多数人在面试官的要求下看着面试官的眼睛，却很难坚持下去，最短的甚至只坚持了几秒钟就移开了自己的目光。只有黎明，他始终在看着面试官的眼睛，并且适时地把目光转移到面试官的双眼和嘴部之间的三角位置上，这样一来，既不会使彼此觉得局促和压迫，又能够继续给对方以被注视的印象。后来，面试官说，只有经受得住目光压力的人，才能在与人谈判的时候镇定自若、谈笑风生、掌控全局。原来，他们招聘的是公司的首席谈判师。

其实，与人谈话的过程也是一场博弈，随着彼此的远近亲疏的关系各不相同，人们之间的博弈的程度也是不一样的。朋友之间交流的时候，眼神传递的更多的是信任与理解；亲人之间交流的时候，眼神传递的更多的是关心与体贴；而在商业谈判桌上，彼此之间的交谈则不异于一场没有硝烟的战争，稍有不慎就会导致满盘皆输。而在这种剑拔弩张的谈判中，眼神则是一种无声胜有声的语言，是一种有力的谈判武器。能够游刃有余地用眼神与对方交流的人，才能够拥有强大的气场，掌控谈判的局势。

真诚的你应该把目光放在哪里？相信大家现在已经知道答案了吧！

不同眼部表情的深层含义

早在很久以前，孟子就说："存乎人者，莫良于眸子。眸子不能掩其恶，胸中正，则眸子了焉；胸中不正，则眸子眊焉。听其言也观其眸子：人焉廋哉！"这句话的意思是说，通过观察人的眼睛，可以知道一个人内心的善恶，因为眸子无法掩饰人的内心。虽然当时的科学研究还远远不如现在这么透彻，但是孟子的这段话绝不是信口胡说，而是有着一定的科学依据的。人类眼部的表情是非常微妙的，而且眼部微妙的表情往往无法掩饰，因此，你可以通过观察交谈对象的眼部表情读取到很多有用的信息，当然，这么做的前提是你必须了解不同的眼部表情所代表的不同含义。

通常情况下，眼部的不同表情可以分为以下几种：眼睛

上扬，这是一种假装无辜的表情，当有人误解你的时候，如果你做出这种表情，那么则意味着你是无辜的；眼睛向下睥睨，则表示轻蔑、不屑一顾，眼睛的这种动作往往还会伴随着嘴角的下撇，表示瞧不起或者是蔑视；眼睛斜瞟，这种眼部的表情有两个含义，一种是害羞的女人斜眼看自己心爱的男人，另外一种是表示厌恶和憎恶；眼睛弯弯，这种眼部表情表示微笑，细心的人可以发现，即使把一个人的眼睛以下的面部蒙起来，而只观察对方弯弯的眼睛，你也能发现这个人在微笑或者是大笑；眼睛下垂，这种表情表示人心机很重，不愿意直视别人，也或者是性格内向、胆小怯懦，不敢抬眼看人；有的人眼球转动的速度很快，方向也在不停地变换，这种人往往感觉敏锐，反应很快，而且很情绪化，容易受到情绪的驱使；有的人眼球显得比较呆滞，眼神的转动不够灵敏，他们往往老成持重，很少因为别人而改变自己的心意，性格温和。当然，眼部的表情还有很多，我们应该根据具体的情形具体分析不同的眼部表情所代表的含义，而不能妄下论断。

今天放学的时候，儿子被老师留下来了，并且受到了批评，原因是儿子课间的时候带领几个同学用铅笔盒模仿机关枪的样子打闹着玩儿。听了老师的话之后，我有点儿不以为然，毕竟，在我们年少的时候，上房揭瓦、上树抓鸟都是很正常的事情，现在的孩子被管得死死的，太可怜了，就连课间拿着铅笔盒比划着当机关枪玩都要被叫家长，我的心里不禁有些同情六岁的儿子。尽管如此，我还是给了老师面子，当着老师的面简单地说了孩子几句，无外乎是“以后不要这么做了”之类的话。出了办公室之后，我问儿子：“是谁想出这个主意的？”儿子看着我胆怯地承认：“是我。”我说：“以后在学校不要这么玩了……”接下来该说些什么，我一时之间没有想好，不过，我控制不住地想笑，虽然我努力地绷着脸，因为我知道自己不能和老师唱反调。但是很快，儿子居然笑了起来，他眼中的怯意消失不见了。我纳闷地问：“你不害怕了？”儿子高兴地说：“妈妈，你在笑！”我佯装无辜地说：“没有啊，你都被老师批评了，我为什么要笑？”儿子狡黠地笑了笑，笑而不语。原来，儿子从我的眼中看出了笑意，我的眼睛出卖了我。看着儿子轻松愉悦的样子，我也觉得很轻松，本来就没有什么大不了的事情，我希望孩子能够有一个无忧无虑、轻松愉快的童年。

只有六岁的男孩，就能从妈妈努力绷紧的脸上看出微笑的意蕴，是因为妈妈的眼中有笑意。由此可见，在成人世界中，在与人交往的过程中，如果你足够细心，你也能够从交谈对象的眼中得到很多有用的信息。

如何用眼神进行交流

在人与人的交往过程中，眼神的交流是非常重要的，有的时候，眼神的传情达意作用甚于语言。所以，我们应该重视眼神的交流作用，与人面对面地交谈的时候多多与对方进行眼神的交流。不过，眼神的交流虽然在熟识的人中间非常常见，但

是在初次见面的人中间，进行眼神交流是有很多注意事项的。不管是躲避别人的眼神，还是直接盯着别人看，不管是目光游移不定，还是一直执着地盯着别人，都是不可以的。这样非但不利于彼此之间的交流，反而会对交往起到反作用。

在第一次见面的时候，每个人的不同的眼神往往能够折射出其内在的心理，倘若你能够细心观察，就能更加深入地了解对方。初次见面时，先移开视线的人，内心深处往往希望自己能够处于优势地位；被对方注视时马上移开视线的人中，大多数人都非常自卑，或者自身有一定的缺陷；看异性一眼后立刻故意移开视线的人，其实对于对方有着浓厚的兴趣；有的人斜眼看对方，这也表示他对对方非常有兴趣，但是心里又很矛盾，不想被对方识破自己的心思；翻眼看人的人往往比较尊重与信赖别人；俯视对方的人其实是想表现出自己的威严；眼神游移不定且眼珠转动的速度很快、频繁变动方向的人大多性格内向、敏感细腻……只有了解了这些眼神的特点及其代表的含义，你才能够更加深入地了解对方，从而更好地与对方实现眼神的交流。要知道，自卑的、内向的人不仅不喜欢直盯着别人看，也同样不喜欢被别人紧紧地盯着看；同样的，对于那些热情开朗的人而言，他们喜欢注视着你，也喜欢被你注视，因为你的眼神不会使他们觉得局促不安，反而使他们感受到一种信任……

除此之外，对于初次见面的人，在进行眼神交流的时候，除了要了解不同的眼神所代表的不同性格特征外，还要了解很多注意事项。首先，人与人之间的交往要建立在相互尊重的基础之上，在看一个人的时候，我们的眼神应该真诚坦荡，千万不能猥琐，更不能肆无忌惮。其次，不要长时间地注视一个人，更不要死死地盯着一个人看，否则很容易使人反感。在与对方进行眼神交流之后，我们可以移开自己的视线，将其停留在对方眼睛下面与嘴巴之间的三角区位置。最后，不要把目光离开交谈对象，否则容易使对方觉得你心不在焉，或者根本就不想继续你们正在谈论的话题。如果我们能够细致入微地观察别人的眼神、了解别人的心理动态，然后再恰如其分地用眼神表达自己的思想，那么我们就能够更好地与初次见面的人交流。

亚南是个大龄剩女，虽然有着“高学历、高收入”的优势，但是“高年龄”已成为她奔向幸福的瓶颈。很多男人一听到她36岁的高龄就望而生畏，即使是她的同龄人。从去年开始，亚南就开始了断断续续的相亲过程，一次次的相亲使她练就了慧眼识人的本领。在最近的一次相亲中，尽管大家都说那个男人是个打着灯笼都难找的钻石王老五，而那个男人也对亚南表示出了明显的好感，但是亚南坚决地拒绝了他第二次约会的邀请。在父母的再三追问下，亚南终于说出了自己拒绝这个男人的理由，那就是她觉得这个男人“贼眉鼠眼”。原来，这个男人的眼神总是游移不定，而且第一次见面就肆无忌惮地在亚南身上来回地打量，感觉就像是一只饿狼看着一只肥肥嫩嫩的小绵羊。亚南可不想把自己未来的幸福寄托在一只饿狼身上，所以她坚定不移地选择了拒绝。

也许亚南的感觉不是完全正确的，但是，一个人的眼神的

确能够反映出很多的东西。尤其是对于初次见面的人来说，任由自己的目光肆无忌惮地在一个陌生女人的身上扫视，这无疑是一种非常不礼貌的行为。正是因为如此，所以亚南才拒绝了那个男人第二次约会的邀请。

当然，在用心观察别人的同时，我们也应该及时调整自己的行为，这样才能够有礼有节地与初次见面的人交往，给别人留下良好的印象。

第04章 解析动作，身体语言传递出真实的想法

手势帮助你更好地表达自我

手势属于典型的身体语言，早在原始社会，人们在还没有发明语言的时候，就已经开始凭借着手势与其他人进行交流。即使在现代社会，哑语也是聋哑人群进行交流的最主要的方式。手是人身体上最灵活的部位之一，因此，手势直接表达的方式以其丰富的表现力在人际交往中被广泛使用。恰当地运用手势，不仅可以交流思想、沟通感情，还能表现自己独特的性格、展示自己与众不同的形象风度。当然，假如运用的手势是错误的，那么也将会给你带来很大的麻烦。

在日常生活中，常见的手语有以下几种：

1. 竖起大拇指

通常情况下，竖起大拇指表示顺利或者是夸奖别人。不过，因为地域的差异，所以，也有很多例外。例如，在德国，竖起大拇指表示数字“1”，在日本则表示数字“5”；在美国和欧洲的部分地区，竖起大拇指是想搭车的标志；在希腊和澳大利亚，竖起大拇指的意思与夸赞相去甚远，而是表示骂人。

2. V形手势

“二战”时期，英国首相丘吉尔是第一个使用这种手势的人，如今，这种手势在全世界范围内广泛流传，每当表示胜利的喜悦时，人们就会情不自禁地做出V形手势。

3. OK手势

把拇指与食指相接成环形，其余三指伸直，掌心向外。这种手势起源于美国，表示“顺利”“很好”“同意”，不过，在法国，这种手势表示“零”或者“毫无价值”，在日本则表示“钱”，在巴西表示卑鄙下流，是骂人的意思。

4. 用手势和别人打招呼

用手势和别人打招呼的方式有好几种，其中有挥手致意，表示问候别人或向别人致敬。也有的人会掌心向下招呼别人，一般情况下，这种手势适用于熟人之间在非正式场合的会面，显得比较亲切随意，而且多用于长辈对小辈或者是平辈之间，小辈是不能用这种手势和长辈打招呼的，否则就是不礼貌的表现。在很多欧美国家，这种手势专门用于招呼宠物。

5. 打响指

在高兴或者是亢奋的时候，很多人都喜欢打响指。所谓打响指，就是用手的拇指和食指或中指弹出“啪啪”的声响。这种手势所表达的意思十分复杂，一般情况下是表示高兴，或者是表示对别人的赞许，不过，这种手势往往带有一种轻浮和调侃的感觉。因此，这种手势通常用于比较随意的场合，若在正式场合中打响指，则很容易被认为是缺乏教养的表现。

虽然手势能够表达的含义很多，但是同时也有很多禁忌，例如，在正式场合，不能反复地玩弄自己的手指，不能用手在某个物体上抠抠搜搜，更不能把手随意地抱在胸前，或者是插在裤子的口袋里，否则就是没有礼貌的表现。在社交场合中，我们既要了解禁忌，用手势辅助自己表情达意，也要增强对手势的理解，结合具体情境解读别人的手势所包含的意思。倘若手势运用不当，就会给我们的人际交往带来很多的困扰。

琳达和刚刚约会几次的男友一起参加朋友的婚礼，在婚礼上，当新郎和新娘手挽着手出现在红地毯上的时候，男友情不自禁地打了一个响指。在这个庄严肃穆的时刻，男友的响指简直响彻全场，很多人都惊讶地扭过头来盯着他看。琳达的脸都涨红了，她为男友感到丢脸。后来，她渐渐地疏远了男友，再也不愿意和他一起出席任何重要的场合了。

小米最喜欢看男友打响指，尤其是在酒吧里的时候。舞池中摇曳的灯光映衬着他们的脸，每个人都无比地放松和惬意。当一瓶饮料喝完了，男友就会打起响指，侍者应声而至，男友会吩咐他再拿一些饮料或者是啤酒来。看着男友一气呵成地完成这些动作，小米简直很难将他与白天工作状态中那个严谨认真、一丝不苟的工作狂人联系起来。不过，她很喜欢男友的状态，工作的时候全心全意地工作，休闲的时候身心放松地休闲，这才是享受生活。因为响指，小米越来越迷恋男友，他们之间的感情也越来越深厚。

同样是响指，打在不同的场合，给了人完全不同的感受。琳达因为男友不合时宜的响指而和男友分手，小米却因为男友潇洒的响指而越来越迷恋男友。这就是手势的魅力，如果能够

洞悉它，你就能够更好地表现自己，给别人留下良好的印象。

握手动作暗藏着对方的态度和立场

作为一种人际交往形式，不管是在私交场合还是在公务场合，握手都是不可缺少的礼节礼貌行为。同时，假如从其所表达的思想感情内容的角度来看，它也具有很强的信息传递功能。因为彼此关系的性质不同，因为彼此交际的背景不同，同样是握手，却往往有着截然不同的含义。很多时候，从握手的轻重、力度和频率，我们能够感受到一个人内心深处的感情和一些微妙的无须言表的信息。在握手的时候也是有很多礼仪的，在了解礼仪的基础之上，我们还可以结合自己的实际需求，借助于握手更好地表达自己。一般情况下，握手的时候先伸手的人往往比较主动、热情；慢出手的人则有点儿不情愿、冷漠。握手的时候，假如握得非常紧，并且在握手的时候始终都在用眼睛盯着对方的脸，那么对方就能够感觉到你从心底里欢迎他、尊重他；与此相反，假如你在握手的时候力度很小，宛如蜻蜓点水，眼睛也在看着其他的地方或者其他人，那么对方一定会感觉到你的漫不经心和轻视的意味，因而觉得尴尬难堪。由此可见，不同的握手方式往往会带来不同的结果。正是从这个意义上说，握手不仅是一种礼仪形式，也是一条沟通思想感情的渠道、一种非常生动的交际语言。

一般情况下，握手可以分为礼仪性握手、表情性握手和斗智性握手。所谓礼仪性握手，顾名思义，就是出于礼节的考虑握手，这种握手往往比较程序化，彼此之间只是僵硬地握手，没有任何感情因素掺杂其中。表情性握手则显得更加富于人情味，能够使人从心底里感到温暖。例如，在探望一个失去亲人的人时，我们在与其握手之后最好不要立即松开手，而应该继续紧紧地握着对方的手，这样，即使你没有明确说出什么安慰性的话语，对方也同样能够感受到从你的心底里流淌出来的温暖。斗智性握手的意思也是很明显的，在社交场合中，尤其是在商业谈判中，握手也是一种微表情。也许旁观者很难从你们之间的握手上看出端倪，但是真正握手的双方往往可以从对方握手的力度上感受到一些深刻的内容。

在握手的时候，我们应该把握握手的时机，因为并非什么时候都适合握手。一般情况下，握手都发生在刚刚见面或者即将分别的时候，商务会谈中，在成功签约或者是达成某种意向的情况下也会握手以示庆贺。握手也是有次序的，所谓握手的次序，通俗地说，就是应该由谁来发起握手这件事情。通常，握手应该遵守“尊者决定”的原则，即由位尊者先伸出手来，位卑者表示响应。例如，在见到长辈的时候，年轻人不能主动伸手握手，而应该由长辈先伸出手来握手；男士与女士见面的时候，男士不能主动伸出手来握手，而应该由女士主动伸手握手。

1972年2月21日，周恩来与尼克松握手的一瞬间被无数镜头定格。毫不夸张地说，这张照片，自它被公布那一刻起，就注定成为摄影作品之经典。在美国总统尼克松紧紧地握住周恩来

的手的次日，这张照片就登上了世界各大报纸的版面，被西方人冠以“经典时刻”“中美交往的珍贵瞬间”之称。其实，这张照片之所以出名，并不是因为高超的摄影技术，而是因为拍摄者准确地把握了中国当时的政治气候。

从这张照片上不难看出，与所有当时的西方摄影记者相比，拍摄者对当时中国政治时局有更深的理解与把握，而且通过拍摄把这种理解与把握酣畅淋漓地表现出来了。仔细观察这张照片，我们不难发现，周恩来有些往后仰，而尼克松则显得稍微有些主动。但就是这一刹那间动作的捕捉，大部分摄影记者都很难完成这样的任务。其实，周恩来总理曾经私下叮嘱过照片的拍摄者老杜，让他一定要拍出美国人是“主动前来”拜访的味道的照片。只有这样，才有可能避免被“四人帮”抓住“倒向美帝国主义”的政治把柄。由此，我们也可以看出周恩来对这次会晤的态度。在这握手的一瞬间，世界都从中解读出了不同的深意。

其实，不仅是国家领导人在非常时机下的握手别有深意，就是普通老百姓，在人际交往中也会有很多需要握手的时候，更有一些需要用握手来表情达意或者表明自己的态度和立场的时刻。在这种情况下，我们不妨也仔细认真地琢磨琢磨自己该以怎样的姿态握手，从而更好地表达自己，处理好纷繁复杂的人际关系。

读懂腿部和双脚动作中的暗示语

在现代人际交往中，因为人们对于交往对象的眼睛和脸部关注得越来越多，所以人们更加注意控制自己的面部表情和眼神，因此，尽管面部表情和眼神并不擅长撒谎，但是它们已经经过了人们的刻意掩饰。相比之下，很少有人会注意到别人的腿部和双脚，因此，有的时候，腿部和双脚的动作更容易泄露你内心的秘密。

杰弗里·贝蒂教授是曼彻斯特大学心理学系主任，数十年来，他始终在研究人的“脚语”。英国《每日邮报》援引他的话报道，一般情况下，我们会注意人的表情和手势，但是我们没有意识到我们的脚在不知不觉之中“说”了很多内容。要想了解一个人的内心世界，我们可以通过观察他移动脚的方式达到目的。在很大程度上，脚部的秘密语言表露了我们的性格特征、情绪、对谈话对象的看法和心理状态。双脚是一种神奇的渠道，尽管不用语言沟通，却能表情达意，甚至泄露我们内心深处的秘密。贝蒂分析说：“脚部让我们露出马脚的原因也许是因为它们是反馈最少的身体部位。在生活中，绝大多数人都知道自己的面部表情是什么，因此，他们会掩饰自己的眼神，为自己戴上微笑的面具；也有人常常注意到自己的手正在做什么，所以手势也是可以掩饰的。不过，和面部表情、眼神和手势不同的是，除非我们刻意去想，不然，我们完全不知道自己的脚在干什么。”换言之，我们很少关注远离头部的身体部位，而把更多的注意力放在

了自己的脸部，因此，有很多人都会有意识地控制自己的头部姿态和面部表情，甚至可以通过反复操练熟练地掌握一些表情。例如，我们即使伤心，也可以伪装成坚强的模样，我们会在满腹心事的时候表现得若无其事等。过生日的时候，即使你收到了一份不太合乎心意的生日礼物，你也一定会满脸堆笑地表示感谢，但是，你往往会忽略自己腿部和双脚的动作。这就意味着人们的腿部和双脚是丰富的信息源，经常会在不经意间泄露出人们内心的秘密。因为大多数人都不太关注腿部和双脚的动作，所以根本不会考虑掩饰或者伪装这部分的肢体动作；与此相反，这种掩饰和伪装会时不时地在人们的脸部上演。

假如约翰是个细心的人，那么他完全可以发现莉莉在整场约会中的细微变化。遗憾的是，约翰不是那么细心，所以他始终在继续着自己无聊乏味的话题。约翰叉开双腿坐在椅子上，一只手在盐瓶上轻轻地摩挲着，一只手漫不经心地扯着自己的领带。他根本没有注意到，在刚刚开始约会的时候，莉莉的双脚一前一后地放着，而且脚尖指向他所在的方向。然而，经过了一个多小时之后，约翰冗长的叙说还没有结束，而坐在他对面的莉莉已经于20分钟以前调整了自己的坐姿，她的双腿始终保持着交叉的姿势，而且身体略略后倾，而她的脚尖则正在指向距离自己最近的一个出口的方向。

看到这种情形，你想到了什么？你能想出莉莉的内心经历了怎样的变化吗？没错，刚开始的时候她对约翰的叙述充满兴趣，而且很愿意听约翰讲述自己的故事。但是，约翰一个多小时的讲述使她渐渐地失去了兴趣，我想，此时此刻，确切地说应该是在20分钟以前，莉莉便已经厌倦了约翰的讲述，迫不及待地想要离开。如果你是约翰，如果你能根据莉莉的腿部和双脚的动作洞察她的内心，那么你就会及时地中断自己的谈话，重新唤起莉莉想要沟通的欲望，或者索性结束谈话，让莉莉自由地离开。

在人际交往的过程中，很多时候，人们的身体语言会在无形之中表达人们内心深处的想法，即使他们并没有把这些想法以语言的方式表达出来。所以，我们应该细心地观察自己的交谈对象，尤其是他的腿部与双脚的动作，因为那些动作更加贴近他的心灵。

笑声中表现出的性格特点

很多时候，人们总是喜欢伪装自己，即使心里想的完全不一样，表面上也会装作道貌岸然的样子。或者心里明明很生气，却佯装无所谓。其实，这就是人的本性，心口总是难一。对此，很多从事人力资源管理工作的人都发现了一个奇怪的现象，即在高兴的时候，人们总是更容易表露自己的真性情，这也是古人创造出“得意忘形”这个词语的原因。这个词语生动形象地说明了人们在开心、放松的状态下更容易表现出自己真实的面目和性格。因此，要想了解一个人的真性格，我们不如关注他在开心时候的样子，尤其是他的笑声。

在生活中，每个人的性格都是不同的，所以每个人的笑声

也是完全不同的。有的人喜欢掩嘴而笑；有的人总是笑不露齿；有的人则喜欢无所顾忌地开怀大笑，即使笑态不是那么地温文尔雅，他们也喜欢开怀大笑的时候那种酣畅淋漓的感觉；还有的人喜欢咯咯咯地笑，就像是一只可爱的小鸡。在这些形形色色的笑声中，如果你是一个有心人，你就会发现这些笑声隐含着不同的意义。

一般情况下，喜欢开怀大笑的人性格开朗、心胸开阔，而且非常正直。每当别人取得好成绩的时候，他们只会真心地祝福，而不会心生嫉妒。他们很幽默，积极阳光，而且很富有同情心，从不吝啬帮助别人。喜欢偷偷地笑的人往往性格内向、感情丰富、非常敏感，有的时候也会有些自卑，缺乏自信，凡事都很低调，为人不张扬。笑声富有感染力的人有一颗童心，他们就像孩童一般冰雪聪明，想象力丰富，创造性也很强，常常会做出一些惊人的举动。他们非常积极乐观，在面对困难的时候从不轻言放弃。在生活中，还有一些人喜欢附和着别人笑，他们大多温顺善良，不会固执己见，总是从善如流。不过，他们比较情绪化，很容易受到别人的影响，心理波动比较大。还有些人笑得非常雅致，不但严格遵循笑不露齿的原则，而且不会发出声音，他们看起来温柔和善，使别人觉得非常舒服。他们心思细腻，很浪漫，总是喜欢营造浪漫的氛围。笑的时候以手掩嘴的人性格内向，比较保守，从不轻易向别人透露关于自己的信息，而是喜欢默默地观察别人。他们的自我保护意识很强，也不会轻易地向别人透露自己的心思。在生活中，尽管大多人在笑的时候都比较放松，但还是有些人即使在笑的时候也不忘记伪装自己，他们的笑声听起来非常假，没有感染力，更没有热情和激情，他们的笑总是带着一种敷衍了事的意味，纯粹是为了迎合别人，或者是敷衍别人。这种人城府很深，心机颇重，对人的戒备心理和防范意识都很强。

志铭是一家房地产公司的销售部经理，作为销售团队的领导者，他身上肩负着沉甸甸的责任，每个月都面临着新的销售任务，这使得他的压力很大。而最让他头疼的是关于团队凝聚力的问题，社会是现实的，现实是残酷的，竞争激烈的工作使得同事们之间的关系看似和气、实则剑拔弩张。为此，志铭总是想方设法地使同事们放松下来，更好地团结协作。一次，志铭请同事们去唱歌蹦迪，在非常兴奋的状态下，同事们彻底放松下来，面对着其他同事搞怪的表演，他们一个个都笑了起来。借此机会，志铭在一旁默默地观察着他们。通过观察同事们在放松状态下的笑声，志铭更好地了解了他们，在未来的工作中，他根据对同事们的了解为他们安排工作，使他们人尽其用。果然，他们这个团队的销售业绩越来越好，凝聚力也越来越强。这全要归功于笑声啊！

在放松的状态下，一个人的笑声往往能够表现出他最真实的性格。作为销售团队的负责人，志铭的当务之急就是了解自己手下的每一个人，借助于唱歌和蹦迪的机会，他做到了。正是因为如此，他们团队的销售业绩才会越来越好，同事之间的相处才会越来越和睦。

了解他人肢体语言传递出的信息

肢体语言也叫身体语言，是指通过头、眼、颈、手、肘、臂、身、胯、足等人体部位的协调活动来传达人物的思想，是一种可以用来表情达意的沟通方式。从广义的角度来说，肢体语言也包括前文所阐述的面部表情；如果从狭义的角度来说，那么肢体语言则具体指身体与四肢所表达的意义。根据科学家的实验，人们发现，一个人在向外界传达完整的信息的时候，单纯的语言成分只占7%，声调则占38%，剩下的比例高达55%的信息都需要由非语言的体态语言来传达。一般情况下，语言是人们经过有意识的组织才说出来的，相比之下，肢体语言则往往是人们下意识的举动。正是因为如此，所以它很少具有欺骗性。因此，在人际交往的过程中，要想更好地了解你的谈话对象，你就应该更加关注他的肢体语言，从而了解他的真性情。

由此，首先，我们需要更加充分地了解肢体语言。每当谈到用肢体语言表达情绪的时候，我们自然而然地就会想到很多惯用动作的含义。例如，我们在兴奋的时候会情不自禁地鼓掌，我们在生气的时候会怒不可遏地顿足，我们在忧虑的时候会不自居地搓手，我们感到灰心丧气的时候则会垂下头，我们在觉得万般无奈的时候则会摊开自己的双手，我们在感到非常痛苦的时候会捶胸。不仅当事人以此等肢体活动表达自己的情绪，别人也可由这些肢体语言辨识出当事人所表达的心境。不过，事实证明，在用肢体动作表达自己的情绪时，当事人经常毫不自知。你可以仔细回想一下，当你与他人谈话的时候，随着谈话的进行，你时而摇头，时而皱眉，时而蹙额，时而摆手，时而双腿交叉，但其实，你做这些动作的时候都是毫不自知的。正是因为这个现象，心理学家提出了一个假设：如果你与人说真话，那么你的身体将无意识地与对方接近；如果你与人说假话，那么你的身体将不自主地离开对方较远。此一假设实验的结果证实：和与别人说真话比起来，在与别人说假话时，受试者会无意识地与对方保持较远的距离，而且身体会略微向后依靠，肢体因为紧张而活动较少，只有面部笑容反而反常地增多了。这是因为说假话的人内心紧张并且想极力掩饰自己导致的。倘若你了解这个规律，那么你就可以通过谈话对象的这种反应来判断他是否在撒谎，从而更好地识别出对方的真心与假意。

当然，除了这种肢体语言之外，人们还有很多形式各异的肢体语言，例如，在面对面交谈的过程中，眯缝着眼睛表示怀疑、质疑，或者是反对。在某些情况下，不停地走动代表当事人的内心非常紧张，坐立不安。在谈话过程中，假如听话的人身体无意识地前倾，那么则表示他对此刻正在谈论的话题很感兴趣。与此相反，假如他无意识地身体向后靠，则说明他对此刻正在进行的话题没有任何兴趣，甚至是感到乏味。总而言之，在与人交往的过程中，我们应该成为一个有心人，细心地观察谈话对象的种种表现，从而更好地了解对方的心思，与对方更好地交流。当然，在很多无法用语言表达内心的时候，我们也可以用肢体语言向对方传递我们的心意，从而使对方更及

时、更好地体察到我们的真心。

尽管是好朋友，但是娜也不想把一个宝贵的周末耗费在听莉莉哭诉上。刚开始的时候，娜还对莉莉充满了同情，但是很快，她就发现莉莉根本不想从她这里得到什么帮助，而只想一味地倾诉，无休无止。娜开始暗暗着急起来，她很想让莉莉停止，然后谈论一些有趣的话题。外面的阳光是那么明媚，沉浸在眼泪里不是很傻吗？但是娜不好意思直接说出自己的想法，毕竟莉莉是她最好的朋友。突然之间，娜非常乏味地打了一个大大的哈欠，莉莉似乎意识到了什么。她看到娜不停地在看时间，就问娜："娜，你看我，光顾着说自己的事情了。今天阳光很好，你是否要出去透透气呢？"看到莉莉这么说，娜赶紧接口道："当然，总是在屋子里待着，估计咱俩要发霉了。其实，我倒是建议你先把烦恼放一放，好好地玩一玩，也许你会在不知不觉之间发现问题已经迎刃而解了！"莉莉采纳了娜的建议，她擦干眼泪，和娜一起去了郊外。在明媚的春光之中，她黯淡的心情似乎也变得灿烂起来了。

面对自己最好的朋友，娜不忍心中断她悲情的讲述；面对明媚的春光，娜同样不想辜负。因此，娜使用了肢体语言，使莉莉意识到自己的哭诉使娜变得无比心烦，因而提议去郊外走一走，接受阳光的抚摸。就这样，原本对娜来说很难张口的问题被一个哈欠和频繁看时间的肢体语言解决了，结局皆大欢喜。

在人际交往的过程中，我们既可以使用肢体语言表达自己的心意，也可以通过观察别人的肢体语言来了解别人。其实，假如我们足够了解肢体语言，那么我们与人之间的交往就会变得更加顺利和通畅。

体型与性格之间的微妙联系

自古以来就有相面之说，并且主张面由心生，即认为人的长相和人的性格之间有一定的关系。其实，不仅是人的长相和性格之间有一定的联系，人的体型与人的性格之间也有一定的联系。从最通俗的层面上来说，中国有个成语叫“心宽体胖”，假如一个人性格开朗、积极向上，即使遇到困难也能够想得开、积极以对，那么他一定是大肚能容天下之事的。相反，假如一个人整日悲伤哀叹，即使遇到开心的事也总是想到消极的一面，而遇到伤心的事情更是无法自拔，那么他又怎么会有一个强壮健康的体魄呢？就像黛玉一般，看到鲜花凋零都能联想到自己的身世，扛着锄头去葬花，体质必然非常孱弱。

即便摒开一些个例，我们也不难发现，人的体型和性格之间是有联系的。很多时候，某种性格的人的体型往往有一些共同的特点，正是这些特点为我们揭示了体型与性格之间的联系。通常情况下，人们的体型可以分为瘦长型、精干型、粗壮型和肥胖型四类。体型瘦长的人身体的高度和体态明显地不成比例，“瘦”的特征非常突出，往往给人以强烈的印象。这种人做事情特别认真，而且做事情之前往往会制订详细的计划，

喜欢把事情全都确定下来，使其变得更加明朗化。他们的头脑也非常清楚，尽管有些时候显得不善言辞，但是他们具有一定的奉献精神，愿意为别人或某项神圣而又伟大的事业付出时间和精力。体型精干型的人身体比例适中，显得比较协调，给人以健康、精力充沛的印象。他们理智而又富有激情，能够很好地处理生活和工作，而且非常善于驾驭各种不同的形势，在工作中往往是骨干核心人员，很容易走向成功。粗壮型体型的人偏胖，轮廓非常明显，他们的性格就像他们的体型一样非常鲜明，为人爽快，做事情总是简洁明了，不会拖泥带水。在与朋友交往的时候，这类人往往表现得非常讲义气，很够意思，因此人缘很好，身边往往围绕着很多朋友。肥胖型体型的人有的是天生就肥胖的，有的则是因为后天发福才肥胖的。胖人因为体型的原因行动起来总是显得比较迟缓，很容易给人留下懒惰的印象，这种人往往性格和善、待人随和，很少发脾气，因此很好相处。

很多时候，我们既可以说是性格决定了体型，也可以说是体型影响了性格。因为不同体型的人往往属于不同的体质，而不同的体质又决定了人们的性格属于不同的类型。不管性格与体型之间究竟是谁决定抑或是影响了谁，我们都应该更加深入地了解性格和体型之间的关系，从而更好地与人相处。

在这几个进入复试的人员之间，经理经过一番仔细的考量，最终决定聘用看起来精明干练的李强。其实，他们这几个进入复试的人员的能力相当，水平不分高下，那么经理为什么决定聘用李强呢？就是因为李强的体型看起来非常匀称，是既强壮又不失灵活的那种。所以，经理认为李强在工作中也一定能够快速而又到位地完成工作任务。事实的确如经理所想的那样，李强不仅看起来精明强干，在工作中的工作效率也很高。他似乎有着无穷的精力，每天下班的时候，只要工作没有完成，他就会主动留下来加班。经理几次把艰巨的任务交给李强，李强都很好地完成了。进入公司不到一年，李强就因为工作出色被提拔为小组负责人，经理暗自感叹自己当初没有看错人。

在几个能力相当、水平不相上下的人中，经理之所以选择聘用李强，就是因为由李强精明强干的体型推断出李强的性格也一定是精明强干的。果然，李强在工作中雷厉风行，不负经理的厚望。

虽然由体型推断一个人的性格未必能够做到百分之百地正确，但是，体型与性格之间存在一定的联系这一点是毋庸置疑的。在与人交往的时候，我们可以根据具体的情况结合一个人的体型来分析他的性格，从而更好地了解他，与他交往。

中篇

用心交流，善用技巧，三言两语沟通即见成效

第05章 开口沟通，你是否读出了对方语言背后的心理密码

分析话题，更好地了解说话者的信息

人与人见面、认识之后，无论真心也好，假意也好，只要不是老死不相往来的那种，就必定会进行谈话。既然要谈话，就离不开话题的选择。做一个聪明的倾听者，认真分析说话人的说话主题，能够帮助你获取说话者的信息，了解他的内心世界和真实的个性。

有的人说话时最喜欢用的字眼就是“我”。无论说什么，开口必提“我”字。“我”的家庭、“我”的工作、“我”的朋友、“我”的爱好……无论什么内容，最终都回归到自己的身上。这样的人在任何时候都是一个极度自我的人，他们把自己看得重于一切，一切以自我为中心，喜欢自我吹嘘、盲目自大，希望时刻得到他人的赞赏和艳羡的目光。若是得不到众人的关注，他们的内心就会非常失落，甚至心生怨怼。这样的人其实是非常小心眼的人，无论他们将自己吹嘘得多么伟大、多么了不起，他们想得到的不过是别人对他们的肯定而已。

有的人则正好相反，他们不喜欢谈论自己，就算对方询

问自己的情况，也是淡淡一笑带过，或者扯开话题，甚至干脆当作没听到。他们喜欢谈论的是和自己或者身边的人毫无瓜葛的话题，如“今天天气真好”“某地又发生战争”等，这样的人一般城府较深，他们对任何人、任何事都抱有较强的防备心理，不轻易相信别人，更不轻易和他人结为朋友。在外人的眼里，他们是比较神秘而且难以亲近的。

有的人不谈论自己，却专门爱询问对方的情况，甚至在和对方还不是很熟的情况下对一些比较敏感的话题穷追不舍，如询问对方的收入、夫妻感情等。这类人也是大家所比较讨厌的人群之一，他们以探听他人的秘密为乐，并且常常自以为是，对他人妄加评论，更有甚者，还会据此散布谣言、说人闲话。若是与你谈话之人是这样的人，那你就一定要小心了。

还有的人不管谈及什么，都喜欢和金钱扯上关系，这类人则是典型的拜金主义者。在他们眼里，金钱是衡量一切的标准，所以，虽然他们表现出来的是势利，但是其实他们的心中极其缺乏安全感，对他们来说，金钱就意味着一切，失去了金钱就失去了一切。

另一些人对话题的选择毫无主见，无论对方谈什么，他们除了应声附和，别无一丝新意。这样的人在生活中多半也是乏味而无趣，没有主见，生性木讷。

李建、韩刚和肖民是公司里有名的“铁三角”，他们同时被招聘进公司，只不过李建在人事部，而韩刚和肖民则在财务部。他们三人年龄相当、资历相当，兴趣爱好也很相近，所以很快就成了走得很近的“铁哥们儿”。

公司人事调整时，想从韩刚和肖民两人中提拔一人做财务副主管。人事经理征求李建的意见。李建沉吟了一会儿，说：“虽然两人都是我的好兄弟，但是我觉得可能还是肖民更适合这个职位。因为财务部门涉及公司的内部秘密，需要沉稳而可靠的人。韩刚为人大大咧咧，尤其说话毫无顾忌，该说的、不该说的，只要别人用心，三下五除二就把什么秘密都套出来了，他是一个藏不住话的人。而肖民则正好相反，他是一个没嘴的葫芦，和别人谈话时，从不涉及自己或者对方的任何隐私或秘密。你别看我和他这么熟，可他的情况我还真没了解多少呢！虽然从个人感情上可能我更喜欢韩刚，但是我认为肖民是更合适的人选。”

自然，最后肖民顺理成章地坐上了财务副主管的位置。

人们的心声常常通过谈话的内容表达出来，而其他人也可以从你说话的内容中揣测你的心意与性格。俗话说“言者无心，听者有意”，所以，在与人交往时，一定要分清对象，选择恰当的话题，而不能像文中的韩刚一样，口无遮拦，把什么都说出来，否则，不仅会显得你胸无城府，或许你还会被别有用心之人利用，所谓“祸从口出”，说的正是这个道理。

当然，也有的人出于某种目的，会有意识地选择话题来掩盖自己的心思，或者表明自己的心意，这就需要人们撇开迷雾，听出弦外之音，真正认识和了解一个人。

说话态度中表露出的性格特征和个人品位

语言是人际交往中最重要的桥梁，而不同的人在说话时所采用的态度也各不相同。说话的态度受说话者内心感受的直接影响，而说话者的思想意识与修养品位又通过其说话的态度充分表露，所以，认真观察一个人的说话态度，对于认识和了解这个人有着非常重要的作用。

说话轻声慢语之人——他们的内心常常是温和而宽容的，能够体谅和理解他人。他们常常是一些性情淡泊、与世无争之人，不追逐名利，也不好表现自己，有较强的忍耐力和自控力，但有时会让人觉得有些过于柔弱。

说话粗声大气之人——这类人声如洪钟、豪爽粗犷。他们性情耿直、待人热情，说话做事直来直往，从不拐弯抹角、虚与委蛇。这样的人大多是直肚肠的人，很容易与人相处，但是由于说话态度过于直接，有时难免会伤害到他人感情，自己还浑然不觉。所以这些人直爽却又有些鲁莽。

说话细不可闻之人——这类人性格懦弱，胆小怕事，缺乏足够的自信和勇气。他们说话声音小，做人的胆气也小，任何事情都不敢据理力争，生怕得罪人，所以在生活中也常常属于被欺负的一类。

说话言辞闪烁之人——他们生性多疑，从不与人深谈，对自己的意见也常常遮遮掩掩，不直截了当地表明，更别提暴露自己的心意。他们狡黠、多疑，有很强的防人之心，与人交往时很难真心相待。

说话沉稳凝重之人——这类人话虽不多，却字字珠玑，很有分量。他们在生活中一般都是德高望重之人，对事情的理解深刻而又准确，并且态度真诚，尊重事实，是被大多数人所信任之人。

说话尖酸刻薄之人——这类人多半很难与人相处，人们见到这种人也往往是退避三舍。他们就像浑身是刺的刺猬，只要有人被他们抓住了把柄，他们便冷嘲热讽、无所不用其极。这类人一般心理比较阴暗，妒忌心较强，很少与人为善。

说话大吼大叫之人——这类人性格十分暴躁，有很强的支配欲，一切以自我为中心，喜欢将自己的意志强加于他人。这种人在生活中是典型的本位主义者，若是自己的意愿得不到满足，就会狂躁不安，甚至有一定的攻击性。

林肯竞选美国总统时，他的对手是财大气粗的富豪道格拉斯。道格拉斯对出身贫寒的林肯不屑一顾，他说："我要让林肯这个乡巴佬闻闻贵族的气味。"他外出演说时，有豪华的专列，所到之处用大炮鸣响、乐队伴奏。相形之下，自己买票乘车外出演说的林肯就显得寒酸多了。

在伊利诺伊州，林肯和道格拉斯狭路相逢，进行了一场轰动全美的著名辩论。面对道格拉斯得意扬扬的炫富，林肯在演讲中说："有人问我有多少财产，我有一个妻子、一个儿子，都是无价之宝。此外，还租有一间办公室，室内有办公桌一张、椅子三把，墙角还有一个大书架，架上的书值得每个人一读。我本人既穷又瘦……实在没有什么可以依靠的，唯一可依靠的就是你们。"这番话朴实诚恳、感人肺腑，听众从中听出了林肯的情真意切，都对他报以热烈的掌声。林肯一

举拉近了选民与自己的距离，从而大获全胜。

和道格拉斯的狂妄自大、咄咄逼人相比，林肯的演说显得朴实无华，但他胜在用诚恳的态度打动了人心。这就是语言的魅力。有的人说话巧言令色，用华丽的辞藻、优美的修辞装饰，却唯独缺少诚恳的态度，以致令听众失去信任，难以产生情感与认知上的共鸣。同样的话，用不同的态度说出来，听的人会产生不同的感受，同时也会形成对说话者不同的印象。正所谓“良言一句三冬暖，恶语伤人六月寒”，所以说，说话的态度对人的影响是相当大的。恶劣的态度令人反感，使谈话难以继续；而好的态度则令人如沐春风，使谈话顺畅。所以，无论在什么情况下，都要学会用心平气和的态度讲话。温和的语气、诚恳的态度，不仅能令谈话取得事半功倍的效果，也能展现你个人良好的思想意识与品德修养，实在是一举两得。

言谈举止如何展现一个人的性格

但凡看过《红楼梦》的人，对“林黛玉进贾府”一章中的这样几句话应该是印象颇深的：“（黛玉进贾府时）步步留心、时时在意，不肯轻易多说一句话，多行一步路。”曹雪芹寥寥几笔，一个生性敏感、谨慎多虑、高傲却又自卑的黛玉形象跃然纸上。可见，一个人的性格与性情，通过日常的言谈举止，会在不知不觉中显现出来，所以心理学家们认为，观察一个人的言行是了解此人的很好的途径之一。

大多数的人说话时都伴有一定的表情与动作，就算是照本宣科的播音员也会在不经意间流露自己的内心世界。有的人为了掩盖自己的真实思想，常常说一些心口不一的话，因此，我们需要透过现象看本质，通过人的面部表情与动作行为探查一个人的内心，了解他的性格与心理。

有的人说话时眼睛平视对方，表情平和，语速适中、语调平缓，这说明他的内心十分坦然，没有什么可隐瞒的。这种人心地坦荡、为人诚实，待人接物落落大方，是值得相信之人。

有的人说话时眼神犹疑不定，不敢与对方对视，并伴有拉头发、扯衣角之类的小动作，这说明这人的心地不够坦然，对自己没有足够的信心，要么就是正在撒谎，借小动作掩饰自己的内心。

有的人说话时喜欢伴有较大幅度的动作，耸肩、摇头、摆腰，并且面部表情夸张，语调激昂、语速较快，这说明说话者内心情绪起伏较大，有比较强烈的倾诉愿望。但这样的人说话比较容易言过其实，不足以全信。

有的人说话时喜欢伴有辅助性的手势，表示决心时握起拳头，表示愤怒时手掌用力下劈等，这类人内心的情感通常比较丰富，容易激动，脾气也比较急躁，有时说话做事容易急功近利。

有的人一边说话，一边四处张望，这样的人容易将自己的好恶写在脸上，没什么城府，喜欢与人打交道，但是意志力不够坚定，做事常常三心二意。

还有些人说话时喜欢故意触碰对方的身体，好像和对方非常亲热。这种人一般都是别有居心之人，他们企图通过手、肩、腿等身体部位的接触来显示与你的关系非常，从而令你放

松警惕，得到他们想要的东西。

叶子第一次带男友回家，男友为了给未来的岳丈和岳母留下一个好的印象，特地精心打扮了一番。得体的西装，整洁的头发，高雅的礼物，他浑身上下挑不出一点毛病来。

但是，男友走了之后，叶子问老爸对男友的印象如何时，老爸竟一口否决说："这样的人不值得你托付终身。"叶子有些委屈，说："你对他有多少了解？为什么判断一个人这样武断？"

老爸说："三句话可以看出一个人的性格，三步路可以看出一个人的修养。当我问他话的时候，比如，问到他的家庭和父母工作情况时，他常常言辞闪烁，不敢直视我的眼睛。这说明他肯定有事隐瞒。我拿烟抽时，习惯性地问他要不要抽烟，他嘴里一边说'不要'，一边下意识地就伸过手来了，伸到一半又突然缩了回去。一个人家境不好不要紧，只要自己肯奋斗比什么都强；男人么，爱抽烟也正常，你老爸我都抽了快40年的烟了。但是一个心口不一的人是绝对不值得信任的。他在小事上说谎，那么大事也一定会有欺瞒。爱情也好，婚姻也好，最要紧的是诚信，你说呢？"

叶子若有所思地点点头。

说话看其相，举止观其人。叶子老爸通过短时间的接触和几个细致入微的细节观察，就深刻洞察了叶子男友的性格与人品。服饰衣冠可以精心装扮，但是一个人的言谈举止是长期以来形成的习惯，很难一下子改变，就算有心掩饰，也会在不经意间露出马脚。

语言的威力是巨大的，而言谈举止中所透露出来的一个人的性格也具有相当的准确性。因此，学会倾听他人的言谈、观察他人的举止，就可以深入人的内心，挖掘人的性格，透视人的思想。

看似无心之语，实则真情流露

在交谈时，出于某种目的或者礼貌，人们往往会精心组织语言、选择字眼来将自己的意思表达出来。这些经过精心准备或者深谋远虑的话语往往掩盖了人的真实本性；相反，一些无意间所说的话则是最能够透露人的个性秘密的。那么人们在无意中最会说哪些话呢？

是啊、是啊——如果说这样的话的时候眼睛并不看着对方，而是漫无目的地四下张望，就说明他要么对你的话厌倦了，只想早点结束谈话；要么就是生性散漫，无论对方说什么都无法引起他浓厚的兴趣。他在说“是啊”的同时，其潜台词实际是：“你说什么？我根本就没听到。”

或许、大概、可能——如果一个人总是无意识地说一些模棱两可的话，那么就说明他要么对自己非常不自信，属于无胆无识之人；要么有很强的防备心理，不轻易表明自己的立场，也不愿意得罪他人，多半是城府很深、世故圆滑之人。

我只告诉你一个人——如果一个人总是有意无意地说：“这件事我只和你一个人讲，你可千万别告诉其他人哦。”那么你就一定要小心这样的人。他会和你说这样的话，对其他任何人也会说同样的话。这类人最喜欢刺探他人的秘密，对于蜚

短流长津津乐道。这样的人是绝对不值得信任的。

真的，不骗你——这类人性情比较急躁，总是担心他人误解自己。他们对别人的评价和看法非常在意，所以对自己缺乏自信。他们之所以再三强调自己的真实性，就是希望自己得到认可、获得他人的信赖。

说话过程中经常夹杂英文单词和专业术语——这类人处处显示自己的与众不同，事实上却在无意间暴露了自己爱卖弄、肤浅甚至自卑感非常强烈的性格。他们用这些晦涩难懂的言语来抬高自己的身份和地位，其实正是内心没有底气的象征。

县委人事调整，打算提拔一些年轻干部。在讨论副秘书长一职时，组织部长对白县长说："我看王君这人不错，文笔好，能力强，又肯钻研，头脑也灵活，业务素质非常好。"白县长笑着说："业务素质好，但是思想素质不过关啊！"

"此话怎讲？"组织部长有些疑惑。

"说来还真有些不好意思，"白县长笑了笑，"因为这话是我在厕所偷听到的。那天我肚子疼，正蹲厕所呢，王君和另一位同事一边说话，一边走了进来。他们在谈工作压力的事情——秘书工作忙，事情多，又在领导身边忙前忙后，压力自然也大一些，偶尔发发牢骚也是可以理解的。但是王君说了这么一句话，我听着特别刺耳。他说：'若不是图个好前程，谁愿意给人卖命啊？'原来他将秘书工作当成为自己'博前程'的跳板，而为领导服务则成了'给人卖命'。他对工作不是出自真心地想去做好，更没有心怀百姓，这样的人怎么能够担当重任？如果对他委以重任，他手中一旦有了权，难免利用职权之便为自己谋取私利。虽然他的这句话是在发牢骚时无意中说出来的，但是往往无意之间说出的话才是真心话啊！”

“无意之间说出的话才是真心话。”白县长这句话的确非常有道理。人们常常喜欢用“童言无忌”来形容孩子说话真实可信，但究其原因，正是因为孩子说话通常是不会精心组织、细心思虑的，所以说出的话往往都是内心最真实的想法。成人在无意间说出的话也正如“童言”一般毫无忌讳，没有经过大脑的精心准备，所以才更真实地反映了他的内心世界和个性心理。王君或许对他自己内心深处的真实想法还未有真正地意识到，但是，发牢骚时的一句“无心之言”，已充分暴露了他的性格秘密，显示了他人性中的弱点。

人们在自己言语伤害他人或造成误会时，常常会这样为自己辩解：“我不是有意说这样的话的。”但是请记住，对比你有意识、有目的的讲话，人们更愿意相信你无意间说出的话才是你心底深处真正的想法和意图，所以这并不是一个很好的为自己开脱的借口，相反，它更有可能暴露你深层次的性格秘密。

不同说话方式体现不同的效果

人们通过语言来交流信息、交换思想，但是不同的人在说话时采取的方式各有不同，这不仅影响谈话质量和效果，同时也显现出说话者的性格与性情。尽管说话内容有千千万万，但是说话方式归根结底只有两种——一种是讨人喜欢的，另一种

则是招人厌恶的。

会说话的人自然招人喜欢，他们知道逢人说话、见什么人说什么话。这样的人必定是聪明并且深谙处世之道的。他们并不会阿谀奉承、谗言献媚，但是也不会用难听或激烈的语言说出事实真相，因为他们知道，虽然人人都希望听真话，但并不是所有的人都能够接受真话。所以他们会采取委婉的方式，用温和的语调、诚恳的态度说出心中想说的话。这是大家最喜欢的说话方式，这样说话的人也是最受大家欢迎的人，因为他们正直却不尖锐、睿智却不卖弄、温和却不愚钝、宽容却不软弱。

不会说话的人自然是采取的说法方式不讨人喜欢。有的人说话直截了当、口无遮拦，不管场合地点，想说什么就说什么，也不顾听话的人是否尴尬、是否恼怒。他们常常标榜自己心直口快、热心热肠，但实际上他们往往是鲁莽而草率的。有的人说话遮遮掩掩、故弄玄虚，说话只说一半，拐弯抹角，这种人显然不够坦诚，很难与人交心，他们对任何人都有很强的防备心理。有的人说话常常采取命令式的语气，颐指气使、盛气凌人，这类人是典型的以自我为中心的人，自私、狭隘，妒忌心强，并且喜欢将自己的意志强加于他人头上。还有的人说话方式令人捉摸不透，时而温柔体贴，时而暴跳如雷，这种人是属于神经质的一类人，他们内心敏感而又多疑，常常有极度的自尊和自卑，所以他们的内心其实是非常缺乏自信的。

小豪中专毕业后进了一家商店做营业员，主要负责男士剃须刀的销售。

工作的第一天，上班没多久，走进来一个大约30岁左右的男子。他径直走到柜台前，对小豪说："给我介绍一款剃须刀，我自己用的。"

小豪问："要好的还是差的？"

那人说："当然要好的。"

小豪从柜台里拿出最贵的一款剃须刀："这是最好的。"那人一看标价，立刻叫了起来："一个剃须刀要3000多？"

小豪也提高了声音说："咦，你不是要最好的吗？早说嘛！几百块的也有，还有几十块的呢！"

顾客很生气，他把剃须刀往柜台上一扔，说："小伙子怎么这样说话呢？我又不是非要在你这里买不可。"

"你到哪儿买都一样，都是这个价。"

顾客更生气了，这时经理恰好走了过来，赶紧把小豪拉到一边，亲切地说："先生，他刚来，不懂事，您别生气。我给您挑一款，您看怎么样？"他从柜台里拿出一款剃须刀，说："这一款是最新式的，又轻便又灵巧，质量也非常好。"

顾客一看价格，就叫起来："这款才300多，相差也太大了吧？我要的是好的！"

经理微笑着说："不过是品牌不同而已，其实它们的质量是完全一样的。您也知道，国外进口的品牌要加上很高的关税，其实和国产的成本相差不了多少。再说那款适合中老年人，您又年轻又潇洒，那一款拿在手上，多老气呀？而且您一看就是个正直的人，买这款还支持了国货呢不是？"

顾客一听就笑了，高高兴兴付了钱，拿着剃须刀走了。

美国成功学大师戴尔·卡耐基曾说过："当今社会，一个

人的成功仅有15%取决于技术知识，而其余85%则取决于人际关系及有效说话等软本领。”上文中顾客两次截然不同的反应以及完全相反的效果，就是因为小豪和经理采取了不同的说话方式而造成的。小豪说话的方式直截了当、毫不婉转，也丝毫没有顾及顾客的心理。尽管他说的都是实话，但是有时实话并不一定那么容易让人接受。而经理的说话方式则委婉得多，他摸准了顾客的心理，知道这个是一个很爱面子但是钱包并不一定很鼓的人，所以针对顾客的这个特点，介绍产品的性能和价格的话都是顾客爱听的也容易说到他心底去的话。由此可见，小豪是一个涉世不深、心直口快甚至有些鲁莽的小伙子；而经理则显得柔和沉稳得多，并且善于揣摩他人心理，是一个懂得人情世故和处世之道的人。

所以，说话的方式是一种学问，更是一门艺术。说话不仅要用嘴，更要用脑。这样才能为你的人生开辟一条畅通无阻的道路。若是你的说话方式不招人喜欢，你的个性自然也就不能使人欣赏，而一个处处不受欢迎的人是无法在社会上立足，更无法取得事业和人生成功的。

幽默感透露出一个人的个性

幽默是一种人生态度，是一个人的才华和智慧在语言中的体现。它是人的一种能力，可以化解尴尬和恼怒，也可以舒缓压力与紧张。幽默就如同人际交往中的润滑剂，它能使生活充满生机与趣味，能够拉近人与人之间的距离，也能将干戈化为玉帛。所以幽默感是人人都渴望拥有的。但究竟何为幽默？这实在是一个很难下的定义。有人将幽默感等同于嘲讽、讥笑他人，或者认为搞怪、滑稽就是幽默，其实这都是幽默的认识误区。幽默感不仅与一个人的学识、才华有关，还能反映出一个人的个性与修养，有助于我们认识人性深处的思想意识和性格品位。

有的人的幽默感是与生俱来的，无论在什么样的环境下，他们都善于用幽默来打破僵局、活跃气氛。他们能用幽默的语言来描述生活中所发生的一切，也会用幽默的态度来解决发生的一切问题。他们才思敏捷、头脑灵活，具有丰富的想象力和创造力。这类人是最受人们欢迎的人，他们有着淡泊的心境、聪慧的头脑、渊博的学识以及潇洒的人生态度。

有的人的幽默感是经过后天培养的，他们认为自己缺少的恰恰是幽默感，所以才会在事先精心准备，记下某些笑话或者幽默，以便在某些场合时不时地讲上一段。这样的人其实内心十分严肃，富有理智，有很好的自控能力。但是他们过于讲求形式，对他人的看法十分在意，容易失去自我。

有的人善于运用幽默来自我解嘲，这样的人是真正有勇气、有智慧的人。他们敢于拿自身的缺点甚至缺陷开玩笑，具有常人不能及的豁达、开朗和自信。他们生活态度积极，生性乐观，胸怀宽广，很有人情味，和这样的人交往令人心情放松、如沐春风。

有的人喜欢用幽默的方式来嘲讽、讥笑他人，这类人处处自以为是，对他人的过错吹毛求疵、含沙射影甚至落井下石。这样的人，其心理一般都是阴暗而卑鄙的，他们有着强烈的嫉

妒心和报复心理，为人尖酸刻薄、斤斤计较，是人际交往中最不受欢迎的一族。

有一位著名的学者个子不高，但是学识渊博、著作良多。有一次在记者采访他、称赞他学术成就显赫时，他谦虚地说："和个子高的学者相比，我的优势就是五短身材，否则怎能著作等身？"话毕，全场的人都笑着鼓掌，为他幽默的自嘲和敏捷的反应所倾倒。

事后不久，这位学者要出国考察，在饯行的酒席上，夫人开玩笑地说："国外美女那么多，可别被花迷了眼。"旁边同事紧接着说了一句："他这五短身材，到了国外，是个人都比他高。嫂夫人放心，没人看得上。"此言一出，顿时全场寂然，大家面面相觑，学者本人也满脸尴尬，而夫人则已露出了不悦的神色。

俄国幽默大师契诃夫说过："不懂开玩笑的人是没有希望的人！这样的人即使额高七寸——聪明绝顶，也算不上真正的智者。"在生活中，很多人为了显示自己的智慧，常常开一些不合身份与场合的玩笑，还自以为很幽默，就像上文中学者的同事。学者说自己"五短身材"，是将自己的身体缺陷巧妙地引申发挥，体现了他敏捷的反应、洒脱的性情和谦虚的胸怀；而同事拿他的身材开玩笑，听上去却是对他身体缺陷的嘲讽和挖苦，这不仅使他人尴尬，也令自己形象大大受损，更伤害了人与人之间的感情。

幽默是一种智慧，是乐观豁达的品格，是博大宽广的胸怀，真正拥有幽默感的人必定是意志坚强、成熟洒脱、宽厚仁爱、豁达大度的人；而那些心胸狭隘、刻薄善妒、目光短浅之人是永远也无法学会真正的幽默的。

第06章
适当发问，恰当的问题是了解对方真心的万能钥匙

巧妙提问，打开高效沟通之门

想要了解一个人的信息和想法，提问自然是一个最简单、最有效的方法，但是，问话是你的权利，而回答则是我的自由。你的问题，若是我不喜欢，我可以不回答，或者回答得似是而非、文不对题，这都是我的自由。若是遇到这种情况，问话者非但无法得到自己想要的真实信息，反而会使谈话气氛尴尬、陷入僵局，甚至会伤及两人之间的感情。所以，如何问话、问些什么才能使对方打开话匣、敞开心门，是每一个问话者应该仔细思考的问题。

问话是一门艺术，语言文明、内容得体的问话令对方心情舒畅，他自然愿意回答你的提问；而用词粗鲁、莽撞无礼的问话则会令人顿生反感，导致对方紧闭心扉，不愿与你交流。问话时只想自己心中所想，也不管问话是否合理、是否会涉及对方的隐私以及是否会伤及对方的感情，自己想问什么就问什么，这是谈话中的大忌。所以，若想他人愿意向你倾诉，注重问话的艺术是相当重要的。而问话艺术通常要注意三个方面的

问题。

首先要注意问话的场合。有些话在公开的场合问时，对方可能出于某种原因避而不答；但是若是换成私下询问，对方则有可能很乐意告诉你。

其次是要考虑被问者的年龄身份和性格特点。人有千面，年龄、身份不同，性格、性情不同，乐意接受询问的方式自然也不相同。比如，对于男人来说，年龄代表着阅历、成熟与魅力，所以他会很乐意回答你；而对于女人来说，年龄则代表着衰老与隐私，所以往往是避而不谈的。有的人性格开朗爽直，有的人则含蓄温婉；有的人清高傲慢，有的人和蔼可亲；有的人慢条斯理，有的人急躁毛糙，因此问话的方式也要随之而改变，对有的人要开门见山、单刀直入，而对有的人则要婉转迂回、试探而进。

最后要顾及被问者的心理。无论什么问题，都会对被问者的心理产生一定的影响，或高兴，或悲伤；或尴尬，或愤怒；或沉重，或轻松。所以，在提问时，一定要注意避免令被问者产生不愉快的心理和情绪，这样才会令被问者乐意回答，获得良好的提问效果。

有一次，某电视台的一位著名主持人奉命去采访一位因某种原因住进了精神病院的患者，她原是小学教师。编辑在采访前已经拟好了采访提纲，其中有一道问题是这样问的：“你是什么时候得了精神病？”主持人一看，觉得这样的问法不妥，因为句中的“精神病”三个字很可能会刺激到患者，而且会令她感觉对方心中怀有歧视。因此，主持人临时改了问法：“您住院已有多长时间了？”“您在这里感觉怎么样？”这样的问话委婉温和，既让对方感到了自己对她的关心，也令其感受到了自己对她的尊重。所以患者回答问题时自然诚恳而坦率。接下来的采访十分顺利，两人就这样沿着友好而亲切的气氛交谈着，言语十分投机，而主持人也顺利完成了采访任务。

人们常常以问话来开始一段谈话，进行沟通，若想要获得良好的问话效果，就一定要注意问话的方式、语气和语调等。问话是一门高级的艺术，它需要问话者有良好的修养、尊重他人的习惯以及高超的提问技巧等。比如，上文中的主持人就是一个非常懂得问话艺术的人，她在问话之前，充分考虑了被问者的心理特点，而不是公事公办、照本宣科。正是因为这样，被采访的人才感受到了她的真诚与尊重，才愿意打开心房讲真话，而主持人也得以顺利地完成了自己的任务。由此可见，在人与人之间的沟通中，是否能够运用问话艺术，将直接关系到你是否能够达到沟通目的、得到你所想要的答案。

有人说，你不知道问题的答案没有关系，因为总会有人能够解答，你要做的就是以正确的方法提出问题。不过，你若要得到正确的解答，就一定要注意问话的艺术。问话的奥妙就隐藏在千变万化的问话艺术之中，若想问话取得良好的效果，就务必要注意问话的艺术，做到因地而宜、因人而宜、因事而宜。

将你的真实想法告诉对方

若要问人："这世上最琢磨不透的是何物？"相信大多数人的答案会是相同的——"人心"。或许，只有天真无邪的童龄稚子才不会刻意掩饰自己的内心，在成人的世界里，随着年龄的增长、心智的成熟，出于某些目的或需要，人们越来越多地学会了掩盖自己的真实意图。人的行为和语言是外显的，而思想与性格则是内隐的。很多时候，人们所做、所说与其真正所思所想并不相同。也正是出于这个原因，人们"将心比心"，在回答问话时，常常企图通过问题的表面来探究提问者的真实意图。在这种情况下，问话者明确表达自己内心的真实想法和真正意图，才能使谈话得到应有的效果。

语言是人类沟通的桥梁，提问则是获取信息最简洁的途径。但是提问也须有技巧，有人问话含混不清、意义模糊，常常令被问者摸不着头脑，被问者自然也就不知如何回答问题，或者答非所问，以致影响交流的效果。比如，有一位客人去饭店吃饭，他问服务员："今天的多宝鱼新鲜吗？"服务员当然回答："新鲜。"于是他吃到的是前一天剩下的多宝鱼。其实这位顾客的真实意图是想吃新鲜的海鲜，但是他并没有清楚地表达出来。如果他这样问服务员："今天有什么新鲜的海鲜吗？"服务员必定会为他介绍各种新鲜的海鲜，而不会只局限于多宝鱼一样。

还有的提问者本意是好的，却由于忽视了对方的年龄、习惯、性格等，而使对方对自己的真实意图产生了误会，提问者不但无法得到自己想要的信息，还会使被问者对自己产生不好的印象，以致影响谈话效果，甚至影响双方进一步的交流。比如，有个人得知一位领导喜欢吃猪的大肠，就问："您怎么会喜欢吃这种东西？"他的本意是好的，因为猪大肠脂肪和胆固醇非常高，多吃对人体不益，这自然是出于对领导的关心。领导却误会了他的意思，以为他说的是："猪大肠多脏呀！你怎么会喜欢吃这种东西？"所以觉得非常恼怒，板起脸对他不理不睬。由此可见，清楚地在问题中表达自己的真实意思是十分重要的。

林航毕业后在一家咨询机构找到了工作，主要负责心理行为的调查工作。有一次，全市举行了一次企业技能培训，共有近万人参加。为了检测这次培训工作的效果，受市委委托，公司对参加培训的人员进行了一次问卷调查。因为主任出差了，所以出调查卷的任务就落到了林航身上。林航作了精心的准备，从各个方面、各个角度进行了详细的问卷调查。

调查工作结束后，经理将林航叫进了办公室，先对他的工作进行了肯定，然后指出了一个问题："在调查培训人员参加这项技能培训的目的时，你是这样问的：'你为什么要参加这次培训？'大家的回答几乎都是一样的——'因为公司让我来的。'但这并不是我们想要的答案，因为我们是想知道这次培训的效果如何。所以，若是你的问题改成这样：'你希望从这次培训中学到什么？'我想你的问题就更加清晰，这样一来，对人们参加这次培训的心理原因也能得到更加准确的答案。"

林航听了，心悦诚服地点了点头。

提出问题自然是为了得到答案，但是若对方不能准确地理解你的问题，或者会错了意，那么你的问话就毫无意义。就像上文中经理为林航指出的失误，因为林航的问题模棱两可，被问者不知问话的真实意图是什么，所以给出的答案也不是出卷人所希望得到的答案。所以，问话问到点子上，让对方清晰而准确地把握你的真实意图是非常关键的。深谙问话之道的人，总能提出明确的问题；而做到这一点的关键在于自己对于所提的问题有一个明确的目的，并善于组织语言，从而充分获取自己想要知道的信息。

人们在日常生活中，总是会碰到各种各样的问题，为了解决问题、交流信息，人们也总会提出各种各样的问题。要想得到自己期待的答案，获取真实的信息，从而探出一个人的真心，问对问题尤为重要。所以，在提问时，务必要令你的问题清晰而明确，让对方清楚地知道你究竟想问什么，你的真实意图到底是什么，这样，他们才能准确而清晰地回答你，交流才能具有意义。

打破沟通僵局的巧妙方法

话题轻松、气氛融洽地谈话是人人都喜欢的交流方式，但是，在很多时候，由于一方或双方一言不慎，常常会使谈话陷入僵局；或者对方一开始就不愿意与你交谈，更别提打开心门、畅所欲言了。而在这样的情形下，人们是不可能显露出自己的真性情的。这时就需要谈话者具有机敏的反应能力，敢于发问、善于发问，这样才能巧妙地打破僵局，令谈话顺畅地进行，进而令人们打开心扉、袒露心声。

僵局是人与人之间的一种微妙心理所造成的，产生僵局的原因有很多种，有的是因为彼此之间不熟悉，无话可聊；有的是因为两人意见相左，却又各持己见、互不相让；有的是因为一方无意中伤害了另一方的感情、自尊或者涉及对方的隐私，以致使得另一方不愿开口继续深谈；当然也不排除个性或者性格的因素，有些人本身就不善言谈，不知道如何令谈话继续。这时，就需要问话者有敏捷的反应，能迅速揣测对方的心意，查明谈话陷入僵局的真正原因，再进一步借用巧妙的发问，用问题来打开僵局，令对方有话可说、有话愿说，从而增进双方的了解。比如，针对双方无话可说的情况，可以用试探的方法探究对方的兴趣爱好，选择对方感兴趣的话题继续谈话；若是双方产生矛盾，则可以避开矛盾，主动让步，同时转移话题，这样才会使谈话有继续的可能；若是自己因言语不当伤害了对方，则要真心实意地道歉，巧妙示好，如此才能令对方尽释前嫌、打开心结；针对对方不善言谈的情况，则要善于使用问话技巧，要问得巧、问得妙，问到对方的心坎里去，如此才能使对方打开话匣、畅所欲言。

三位北方人模样的顾客进了宁波的一家饭店，坐下后，点菜、吃饭，一切都很正常。但是当服务员将黄鱼端上来时，出现了问题。

顾客生气地问："我们明明点的是雪菜黄鱼，怎么做成黄

鱼汤了？”

服务员看了看菜单，说：“没错呀！这就是雪菜黄鱼！你们当时又没说不要汤的。”

“可我们那边雪菜黄鱼都是红烧的。”

“这可是在宁波，是江南。可不是大西北！”

顾客听了这话更生气了，嗓门也高了起来，非要退菜不可，但服务员不同意，双方一时陷入了僵局。这时，饭店的经理赶紧跑了出来，问明情况后，仔细打量了对方一眼，然后问：“诸位兄弟是从西北来的？”

“是！”其中一位顾客没好气地说，“俺们都是西安人。怎么，看不起俺们西北人？”

“哪里哪里。”经理满脸微笑地说，“一向听闻皇城根下的人大气、豪爽，有不同于咱们江南人的气质，今日一见，果然名不虚传。兄弟是到宁波来游玩的还是公干？”

“我们是出差。”顾客的语气明显缓和了许多。

“有空的时候在宁波城里转转，虽然比不得你们六朝古都，但是江南也别有韵味。”经理用手指着那道雪菜黄鱼说：“比如，这道雪菜黄鱼汤，风味独特，是宁波的传统名菜，也是我们饭店的‘镇店之宝’。诸位先尝尝怎么样？就当是我请远道而来的客人了。我这就吩咐厨房给你们重新做红烧雪菜黄鱼。”

这时，三位顾客已经完全平息了怒火，显得十分不好意思。自然，他们不仅没有要求退菜，也没有要厨房重新做，而是高高兴兴地吃掉了鱼汤，并且以后每次到宁波出差都固定到这家饭店吃饭，还为饭店介绍了很多客户。

常言道："话不投机半句多。"无论是生活还是工作中，人们在交谈时总会因为种种原因产生矛盾，一言不合便陷入僵局。僵局的出现，不仅使双方陷入尴尬的境地，还无益于矛盾、问题的解决。而上文中那位饭店的经理，凭借着自己细心的观察、敏捷的反应和高明的问话，打破了僵局。他先从对方来自何方问起，借势赞扬了他们的"大气、豪爽"，为之后的解决问题埋下伏笔；然后问他们是来宁波"出差还是游玩"，显得对对方十分关心，进一步拉近了彼此之间的距离；最后一句问话则建议他们"先尝尝这道雪菜黄鱼"，然后吩咐厨房重做。这样一来，对方自然十分不好意思，就冲"大气、豪爽"四字，也不能让老板再破费呀！所以，不但谈话的僵局被打破，事情也得到了意想不到的完满结局。

由此可见，谈话中出现僵局并不可怕，只要你有敏锐的观察力、敏捷的反应力和强大的提问能力，就完全有可能转移话题，打破僵局，令对话在轻松友好的气氛中进行下去。

记住三大话题，轻松与对方搭讪

交谈是了解信息、探究人心最常用的方法之一。如何开始一场谈话，并令谈话顺畅且不至于出现冷场，是每个人都迫切想知道的。其实问题的关键只有两个字——话题。话题是一切交谈开始的基础，没有话题，就没有交谈的可能性。因此话题

的选择至关重要。熟人之间的交谈或许还不用费多大的力气，因为毕竟互相了解，总能找到共同的话题。但是对于陌生人或者不甚了解的人来说，寻找话题就显得不是那么容易了。而且话题的选择是相当讲究的，若是选择不恰当的话题，不但无法开始谈话，说不定还会令对方产生反感，以致不愿与你交谈。

那么究竟怎样的话题才是合适的呢？有人说，世间话题千千万万，我怎知道哪个是合乎对方口味的？其实话题的选择并不难，能赢得对方好感并使其愿意继续深谈的话题无外乎以下三大类：

一是对方感兴趣的话题。问话一定要建立在对方感兴趣的基础上，没有人愿意就自己不感兴趣的话题深入交谈下去，而一旦遇到自己感兴趣的话题，则会积极地加入进来。美国总统奥多·罗斯福是一个知识渊博的人，哥马利尔·布雷佛这样评价他："无论是牛仔还是骑兵、纽约政客或者外交官，罗斯福都能和他谈得来。"其原因就是，每位客人来访的前一天，罗斯福都会查阅客人的资料，找出对方最感兴趣的话题，因为罗斯福知道谈对方感兴趣的话题是打动人心的最佳方式。

二是对方所关心的话题。每个人的心中都有一个自我，都有自己所关心的对象和关注的焦点，若是能够准确地找出这个焦点，就可以迅速拉近双方的距离，因为没有人会拒绝他人真诚的关心。心理学家卡耐基曾经说过，要想成为谈话的高手，就必须用热情和生机去应对他人，对别人漠不关心的人是无法交到真挚的朋友的。不关心他人的人所提出的问题和所说的话都是以自己的立场为出发点的，又如何能指望对方对这样的话题感兴趣呢？

三是对方熟悉的话题。无论你有多想进行一场谈话，谈论对方不熟悉的话题都是大忌。如果你总是问一些对方不清楚或者不熟悉的问题，那么往往会使谈话进入冷场或者陷入僵局。被问者除了无话可说之外，说不定还会心中暗生不满，渐渐产生恼怒之情，因为，若总是一问三不知，那是多么有失脸面的事情啊！问话者自然也会自感没趣，最终导致“双输”的局面。而若是问对方熟悉的话题，他就会有话可说，娓娓道来，从而令谈话双方都很愉悦。

程诚已经是第三次来拜访方总了，上次在一次朋友的宴席上认识了方总之后，程诚就向方总推荐了他们公司的保险业务，尽管当时方总碍于朋友的面子留了名片，但是，后来程诚每次来访，方总都显得比较冷淡。这一次，他更是直截了当地对程诚说：“尽管你们公司的业务还不错，但现在我并不需要。请你以后不要再来了，我平常都比较忙，没有很多时间。”

程诚很尴尬，还没开口说话，办公室的门突然开了，闯进来一个中年女人，气呼呼地对方总说：“你那宝贝儿子又闯祸了，老师打电话来叫家长去学校，这次我说什么也不去了，要去你去！儿子又不是我一个人的。”方总说了很多好话，夫人才心不甘、情不愿地赶去儿子学校处理问题。

程诚看着方总紧皱的眉头，关心地问：“是孩子的事吗？”

方总沉重地点点头。程诚说：“孩子在成长时期总会遇到这样那样的问题，为人父母都是这样。特别是男孩子。但是您

也不用太担心，人们都说越调皮的孩子以后出息越大。”

方总叹口气说：“是啊！现在又是处于叛逆期，尤其难管教。大人说什么都听不进去。”

程诚灵机一动，说：“我有一个好朋友，他儿子以前也非常顽劣、叛逆，闯了很多祸，怎么管教都没用。后来有人给他介绍了一个知名的心理和教育专家，对于处理这样的孩子特别有经验，他带儿子去咨询过一段时间，现在简直就像换了个人一样，又懂事，学习成绩又好，还准备明年出国留学呢！等下我回去把那个专家的号码要来，您也带孩子去试试看，肯定管用的。”

“是吗？真是太谢谢你了！”方总感激地说，“对了，你能把你公司的业务再详细和我说说吗？”

后来，方总不但成了程诚最忠实的客户，还将自己的朋友介绍给程诚，为程诚的业务拓展作出了很大的贡献。

发问是制造话题、延续谈话的最关键所在，所以，提出的问题一定要问在点子上，一定要问到被问者的心坎里去。程诚成功的秘诀就在于他抓住了方总关心孩子的心理，从孩子教育上找到突破口，并主动为方总提供了解决问题的方案；方总自然也投桃报李，在事业上给予程诚很大的帮助。由此可见，话题的选择对于谈话的顺利进行是何等重要。

当然，在选择话题时，一定要注意有些问题是不能问的，比如，涉及对方隐私的问题不能问；行业机密不能问；太过宽泛令人无所适从的问题最好也不要问等。假如你不小心误入这些“雷区”，就有可能导致谈话失败、交流失败。

要想了解对方，先透露自己的信息

一般而言，在交谈的过程中，通常是问话者占主导地位，而被问者则处于相对被动的地位。但是，无论何人，都不喜欢被盘问或质问式的谈话方式及氛围。若是一方总在不停地提问，难免会有咄咄逼人之势，也难免会令被问者心生厌倦。如果你一直在发问，而对自己的事情或者意见却闭口不谈，就会令被问者认为你过于喜欢探听他人的私事或者内心世界、总是想窥探别人，以致心生反感；同时也会令对方认为你是一个防备心理很强的人，别人不容易走进你的内心，你也不愿意和他人结交朋友。试问，一个不愿向他人敞开心扉的人，如何能要求他人向自己敞开心扉呢？众所周知，谈话必须建立在平等的基础之上，只有坦诚相待，才能换取真心。所以，若想了解他人，就一定要先让对方了解你。

没有人比自己更熟悉自己了。在不知道如何开始一个话题时，把自己作为话题是一个不错的选择。适当地释放自己的信息，可以令对方增进对你的了解，并增加对你的信任。当然，以自己作话题并不是要你像竹筒倒豆子一般，把有关于自己的一切都说出来，你可以因人而宜、因地而宜，根据情形的需要，适当地暴露自己。只有当对方对你有了初步的了解时，他才能知道该如何与你对话，才能知道如何选择话题。

当你就某事想询问对方的观点时，你也可以先简单地说明自己的观点："我认为这件事处理得不错，但是或许还有能改进的地方，你觉得怎么样？"对方听了这样的话，会很乐意

说出自己的想法，然后双方就可以就这个问题进行进一步的谈论，这样，谈话就可以顺利地进行下去。当然，在陈述自己的观点时，一定不要用过于强硬语气，让他人觉得你在把自己的想法强加于他的头上；询问对方的观点时，语气也一定要诚恳，要显示足够的尊重，这样才能让他觉得你是在真正征询他的意见，从而令他敢于并乐于说出自己内心的真实想法。

有一次，著名的新闻工作者张纯汉采访一位戏曲名家，别看这位戏曲名家在舞台上神采奕奕、光彩照人，生活中她却是一个非常腼腆、不善言谈的人。谈话一开始有些冷场，这位戏曲名家很少开口，令采访几乎无法继续下去。这时，张纯汉急中生智，谈起了自己。他说自己也是位戏曲爱好者，无论在什么地方听见唱腔都会凝神细听，这句话一下就拉近了双方的距离。后来，在谈到自己是怎样爱上戏曲这一行业时，这位戏曲名家说自己是因为受到父亲的影响而走上专业道路的。既然提到家人，张纯汉便简单地说了说自己在记者生涯中所遇到的工作与生活无法两全的难处，然后再趁机询问对方，当是工作与家庭产生矛盾时，她是如何处理的。因为他相信工作和生活是每个人生命中永恒的两大主题，演员的工作性质与记者有相通之处，他们为了演出东奔西走，也必然会造成工作与家庭难以兼顾的情况。这个问题果然问到了戏曲名家的心坎里，她就此打开了话匣，说了自己在从业时遇到的种种经历以及酸甜苦辣的诸多心情。她所说的正是张纯汉所希望听到的，于是他顺利地走近了这位戏曲名家，掌握了许多第一手资料，成功地完成了采访任务。

谈话的主要目的就在于交流信息，并在交流的过程中增进双方的了解。因此，若是想要借助谈话了解对方，先恰当地释放自己的一些信息是一个明智的选择。就像上文中的记者张纯汉，他非常了解不善言谈者的性格特点，他也知道，让他们打开话匣是非常困难的事情，尤其是在面对一个陌生人时。因此他先从自己入手，从自身爱好戏曲谈起，再谈到工作与生活中的矛盾，找到自己与对方的共同点，然后再步步深入，最后终于得到了自己想要的信息。这样的问话是具有相当的艺术性的，同时也显示了问话者高超的问话技巧，张纯汉不愧为一位资深的新闻工作者。

当你想要了解对方时，对方也必然抱有同样的心态，因此，不妨先从自身谈起，抛砖引玉，敞开心门，表现出你的坦诚与热情，如此一来，相信对方一定会以同样的坦诚与热情回报于你。在找不到合适的话题时，何必煞费苦心？你自己，就是一个最好的话题选择！

掌握提问技巧，沟通效果更佳

工作学习需要技巧，行为处事需要技巧，言语交谈也是需要技巧的。同样的问题，或许一种方法会令人产生不快、不愿意回答你；若换一种方式相问，却能够令对方敞开心扉、愿意倾诉。心理学中有这样一个很有名的故事：两个烟瘾很大的教徒去问主教。一个是这样问的："我在做祷告的时候能吸烟

吗？”主教一听，心想：嘀，做祷告的时候还想着吸烟呢？这对上帝也太不恭敬了，一点诚意都没有！于是斩钉截铁地回答：“不行！”而另一个教徒是这样问的：“我吸烟的时候能做祷告吗？”主教一听，心想：哇，吸烟的时候还能心中想着上帝，这个教徒实在是太虔诚了！于是满心欢喜地回答：“当然可以。”其实两个教徒问的是同一个问题，不过是问话中的顺序不同而已，但是被问者的心中产生了对这两人截然不同的印象。这就是巧妙运用问话技巧所达成的效果。

问话时，词语的选择也是相当重要的。中国是一个十分讲究遣词造句、礼仪规范的国家，虽然很多词语意思相近，但是绝不可以在不同的场合胡乱混用。根据不同的场合与不同人群，选择不同的词语来进行提问，产生的问话效果自然也就不同。如询问年龄，对小朋友你可以问“今年几岁啦”，显得亲切自然；对老年人则要问“老人家高寿”，显得文雅有礼。对于女士，出于礼貌一般是不询问年龄的，若必须要知道，也可以巧妙地运用问话技巧来达到目的。比如，对于一个看起来30出头的女士，你可以问：“芳龄几何啊？快30了吧？”她会很开心地告诉你：“我都35啦！”因为几乎所有的女人都希望自己比实际年龄小，采取这样迂回的问话方式，既达到了你问话的目的，又不露痕迹地恭维了对方，自然使得对方很乐意回答你的问题。

某小区门口有两个卖韭菜饼的小摊子，她们是妯娌俩，一起从苏北到江南打工。两人一样朴实勤劳，每天都是一起买菜、准备材料，早上也一起出摊，一起收摊。三个月过去了，两人的收入却大不相同，二嫂挣的钱比大嫂多了许多。大嫂觉得很奇怪，她们俩用的材料都一样，分量也差不多，口味自然也没什么区别，每天准备的煎饼基本上都是卖完的，也就是说买的顾客人数也相差无几。但为什么自己的利润比二嫂少了很多呢？

二嫂也觉得有些不解，她很爽快地对大嫂说："我也说不出道理来，要不明天你叫大哥到我的摊子上看一下好了。"

第二天，大哥一大早就来到了小区门口，分别观察了她们两人的摊子，发现果然如她们所说的，买饼的人数差不多，用的材料也是一样的。但是，最后收摊时，细心的大哥发现了一个不同：二嫂筐里剩下的鸡蛋比大嫂少得多。这是怎么回事呢？难道爱吃鸡蛋的人都到二嫂那里买饼了吗？这好像也不可能呀！

于是大哥翌日又来小区门口观察她们卖韭菜饼，这次终于发现了其中的奥秘。大嫂对买饼的人是这样问的："您要加鸡蛋吗？"顾客常常有两个回答："要"或是"不要"；而二嫂则是这样发问的："您要一个鸡蛋还是两个鸡蛋？"顾客的答案一般就变成了"一个"或者"两个"。这样下来，二嫂一天卖出的鸡蛋自然就比大嫂多得多了。后来，大嫂吸取了二嫂的经验，赚的钱也和二嫂差不多了。

一个卖韭菜饼的农村妇女自然说不出什么高深的心理学术语，但是聪明的二嫂对人们的心理有着深刻的理解。她采取先入为主的问话方式，巧妙地排除了对方"不要鸡蛋"的这种可能性，把答案固定在要"一个"还是"两个"上面，使得几乎每一

个买饼的人都无一例外地加了鸡蛋。二嫂的问话技巧不得不令人拍案叫好！由此可见，回答问话原本是被问者的事，但是高超的问话技巧往往能在无形中控制被问者的答案，从而引导对方说出提问者想要的回答。

在问话的过程中，恰当的语气和语调也是问话者必须掌握的技巧之一，它能够在一定程度上控制谈话的气氛。温柔和善的语气能让人感觉到提问者心存善意，而霸道蛮横的语气则令人心存不满，刁钻刻薄的问话更会让人顿生反感。不同的心理令谈话者产生不同的反应，同时影响谈话气氛，而若是没有一个好的谈话氛围，是无法取得良好的谈话效果的。因此，掌握问话技巧，巧妙地引导对方，对于创造良好的谈话氛围、取得良好谈话效果有着至关重要的影响。

第07章 旁敲侧击，运用心理策略为沟通锦上添花

“预知未来”式聊天，拉近你和他人的关系

在现实生活中，很多人之所以热衷于让别人为自己看手相、相面，或者与别人探讨星座学，其实就是为了预先知道自己的未来。人有很强的好奇心理，总是希望探索未知的未来，从而知道自己将来的运势。那么，真的有人能够预知别人的未来吗？除了那些传说之中的“吸收了天地之灵气”的人，普通人恐怕没有这样的本事；但是，又确确实实有人能够说中他人的未来，这是为什么呢？

其实，只要你愿意，你也可以说出别人的未来，而其中唯一的秘密就在于你需要掌握几种能够说中他人未来的话术。细心的人可以发现，很多算命打卦的人，在说话的时候，很少会说具体的事情。仔细想来，他们的话往往适用于一个人群，甚至是放之四海而皆准的。通俗地说，就是他们的话适用于你，也同样适用于别人。不管放在谁身上，都有那么点儿一语泄露天机的意思。这就是本文要说的第一个话术——放之四海而皆准的预测未来法。也许，在这个世界上，除了真正能够预知未

来的先知之外，普通人是绝对不可能预知未来的，因此，在为别人预测未来的时候，为了拉近彼此之间的距离、得到对方的信任，你就要学习这个放之四海而皆准的话术。第二种话术要求我们首先要了解别人，从而说到对方的心里去。因为听了你说的话，对方很有可能再次鼓足勇气，勇敢地面对困难，坚持不懈地解决困难，最终突破瓶颈、取得成功，如此也就验证了你所说的话。第三种话术是多说好话。自古以来，没有人不喜欢听好话，所以，只要你在给别人预测未来的时候多说一些好话，那么别人就一定会心花怒放。当然，也许有些人的人生是坎坷的，但是再坎坷的人生也会有柳暗花明的时候。所以，只要根据每个人的情况，在说好话的时候把握一定的度，你就能够得到他人的认可，你的吉言就会在他人的人生之中得到印证。第四种话术是避免说过于具体的话。除非你是一个真正的先知，当然，这种可能性微乎其微，否则，你千万不要随便说别人明年要遭遇官司，或者明年会添丁。即使你不是一个图谋不轨的骗子，你也千万不要说别人未来有血光之灾、需要破财消灾之类的话。要知道，人是很容易受到心理暗示的，在出于套近乎、拉近关系的目的而与别人搭讪的时候，你一定要向着好的方面说，给人以积极的鼓舞，而不要给人消极的心理暗示。

马云在公司里小有名气，除了因为他业务能力非常强之外，还因为他具有未卜先知的能力。一次，公司的前台小娜因为心情郁闷，来找马云给她预测未来，马云直视着她的眼睛坚定不移地说：“你是一个非常善良的女孩，上天一定会眷顾你，给予你最美好、幸福的未来。你的善良也会为你赢得他人的善待。不是有句古话说嘛，吃亏是福。虽然生活中你常常因为心善而吃点儿亏，但是命运一定会在适当的时候补偿你。傻人有傻福，这可是你最大的福气啊！其实，女孩子就应该像你这样，心宽、心善，这样自然会得到命运之神的特殊照顾。”小娜听了马云的话之后，一扫脸上的阴霾之情，高高兴兴地去上班了。原来，小娜是公司的前台，每天都要处理很多琐碎的事情，有的时候还会被那些高高在上的其他部门的同事奚落几句，因此有的时候心情很不好。而马云的话恰巧说到了她的心坎里，使她的心理获得了平衡。张强也是马云的同事，在公司主管新产品的研发，而马云恰恰又知道他目前正在因为研究处于瓶颈无法突破而烦恼，所以，马云面对一筹莫展的张强说：“你是文曲星转世，这一生注定才华横溢，能够干成很多人无法干成的事情。当然，也许你会遇到一些困难，因为那些天降大任的人都需要经历一定的坎坷和挫折的磨难，最后才能顺利地担当大任。只要你有勇气、有毅力，就一定能够担当大任、成就大事。”

在上述事例中，试想，假如你是小娜，听到马云所说的话之后，不仅得到了赞美，还得知了马云所预测的你的美好未来，你怎么会不高兴呢？你很有可能变得更加善良，不再在乎那些高高在上的同事的轻视，而是更加宽和地对待公司的同事，以便能够得到更好的未来。而张强就更不必说了，虽然如今大家都不迷信了，但是听到自己是文曲星转世的消息还是很值得高兴的，马云的话无意中帮助张强鼓起了勇气，使

他能够信心百倍地去攻克难关。

这就是“预测未来”的魔力。在日常的人际交往中，假如你想与别人套近乎、拉关系，就要学会上述四种话术为他人预测未来。这不仅会使你得到一个“神算子”的称号，还能使你得到很多的朋友和良好的人脉关系。既然如此，何乐而不为呢？

化危机为转机的沟通技巧

在人与人沟通的过程中，很多时候容易产生沟通的危机，毕竟，每个人都是独立的个体，有着自身的个性特征，所以在沟通的时候难免有意见不统一的时候。因此，我们应该学会用沟通技巧去化解危机，使其成为彼此之间交流的转机，这对于促进彼此关系的融洽与和谐是很有好处的。

那么，哪些技巧能够帮助人们在沟通中化危机为转机呢？第一，共情。在双方的意见发生分歧的时候，假如你一味地与对方争执，坚持让对方接受你的观点和看法，那么你与对方的情绪就会越来越激动，甚至不能自已，导致你们之间的沟通非但无法达到你们预期的目的，反而朝着相反的方向发展。所谓共情，也叫神入、同理心、投情等。这个概念原本是由人本主义创始人罗杰斯阐述的，不过，现代精神分析学者越来越频繁地在自己的著作中引入这个概念。通俗地说，共情就是使自己与对方产生同样的感情，或者是把自己置身于对方的情绪之中，从而更好地体谅和理解对方。这样一来，你就能够与对方产生相似的感情，使你们之间的交流和沟通不至于剑拔弩张，而是产生相对一致的想法、看法以及情绪。其次，就是设身处地地为对方着想。众所周知，每个人在看待问题的时候总是不由自主地从自己的立场和角度出发、为自己考虑，而完全忽视了别人的感受。在人际交往之中，那些人际关系比较好的人往往都有一个共同点，即他们不会单纯地只考虑自己的感受，而是兼顾别人的感受。他们善于站在对方的立场和角度上考虑问题，从而更好地为对方着想。因此，他们总是拥有好人缘。在交谈之中，假如你能够在发生分歧的时候站在对方的角度思考问题、与对方沟通，那么你就一定能够更好地体谅对方。有的时候，在沟通之中，如果双方都针尖对麦芒，那么只会导致气氛越来越紧张。相反，假如有一方能够设身处地地为对方着想，那么另外一方也会相应地作出让步，从而使气氛更加和谐、融洽。第三，要学会适当让步。在生活中，没有那么多的原则性问题，很多时候，只要我们能够设身处地地为对方着想，就会发现生活本没有那些寸土必争的问题。当发生分歧的时候，你完全可以主动让步，从而带动对方也作出让步，这样就能够使原本剑拔弩张的气氛缓和下来，从而使交谈出现大的转机。

当然，除了以上这三种技巧之外，还有很多沟通技巧都可以使危机转化为转机，但前提条件是你必须拥有一颗宽容的心，能够发扬礼让别人的优良作风。在具体的情境之中，你应该根据自己对交谈对象的了解和具体的情况采取具体的对策，

从而使交谈向着好的方向转化。

丽娜是一家电器公司的售后服务人员。她每天所接到的电话之中，几乎有百分之九十的都是投诉或者是质问。因此，很多售后服务人员干不了多长时间就主动辞职了，而丽娜却连续三年都是金牌售后。对此，丽娜有自己一套独特的方法。

毫无疑问，很少有客户会为了感谢一家公司生产出了好产品而打电话给售后，大多数客户都是在刚买回家的产品有了问题的情况下才会想起给售后服务人员打电话。每当接到客户带有抱怨或者是怒气冲冲的电话时候，丽娜所做的第一件事情就是倾听。当客户就像是满怀悲怨的祥林嫂一般喋喋不休地诉说的时候，丽娜除了倾听之外，做的唯一的事情就是认可客户的牢骚。例如，一个刚刚从专柜买了一个电饭煲的客户打电话给丽娜："你们这个锅是怎么回事，我预约煮稀饭，稀饭却溢得满地都是，害得我擦了整整一个小时。"丽娜说："是吗，这可太糟糕了，我想，谁都不愿意遇到这样的事情。"听到丽娜的话之后，很神奇地，客户似乎不好意思那么忿忿不平地抱怨了，而是说："我想问问，有没有其他人出现这种情况，应该如何解决问题。"丽娜还是面带微笑地说："先生，谢谢您的好涵养，我想，要是我遇到这种情况，一大早晨起床之后就看到满地的稀饭，我可能会发疯的。您说的这种情况也有其他客户碰到过。请您稍等一下，我会把您的电话转给技术人员，请他详细解答您的问题。"

在这个事例中，丽娜显然是利用共情心理有效地平息了客户的怒火。试想，假如丽娜一接到客户的电话就赶紧说"不可能，我们的电饭煲质量很好，从来没有出现过您说的这种情况，肯定是您的使用方法不正确”，那么，客户会作何感想呢？客户一定会变得更加歇斯底里，因为丽娜与他是站在对立面上的。但是，丽娜的回答很好地解决了自己与客户处于对立面的问题，使客户感觉到丽娜是他的知己，深深地了解他的烦恼与痛苦。这样一来，客户也就不好意思再继续抱怨了，而是改为抱着解决问题的态度与技术支持部的工作人员通电话。

总而言之，要想使沟通之中出现的危机变成转机，我们就要学会利用各种沟通技巧，使原本情绪激动的交谈对象的情绪逐渐平稳，这样双方才能心平气和地、理智地进行交谈。

如何不露痕迹地给对方暗示

在生活中，很多时候，有些话我们是不能直接说出来的，因为，一旦直接说出来，轻则伤害彼此的颜面，重则使对方对你产生抵触心理，以后双方再继续交往就不会那么顺畅了。那么，遇到这种情况的时候我们应该怎么办呢？其实，我们可以不露痕迹地暗示对方，这样，不仅能够达到交谈的目的，而且，即使双方心照不宣，因为没有明确地说出来，再面见的时候也不会觉得尴尬，双方都可以装成没事人一样继续之前的交往。不过，暗示也是需要有技巧的。既然暗示的目的是避免明确地说出来之后导致双方尴尬，那么暗示的时候就应该不露痕迹，这样才能更好地达到预期的目的。

实际上，不露痕迹地暗示对方是有技巧的。技巧之一就

是借代或借喻。这种方法一般用在彼此比较了解或者是文学素养都比较高的交谈对象之间。假如对于语言没有一定的掌控和运用能力，是很难用这种方法的；或者，即使用了，对方也无法听明白。借代的时候，可以借古讽今；借喻的时候，则可以借助于形形色色的对方能够理解喻意的事物。技巧之二就是心照不宣。有些时候，人们对于很多事情都心照不宣，目的就在于保全彼此之间的面子，以便下次交往的时候可以坦然相对。所谓心照不宣，意思就是说大家心里都很清楚一件事情，也知道对方所表达的是什么意思，却不明确地说出来。运用这种方法的时候，双方都得是聪明人，知道对方所说的在外人听来没头没脑的话是什么意思，这样才能达到预期的效果。第三，讲故事。古代社会的人民是非常聪明的，不管是中国的先哲，还是外国的先哲，尤其是伊索等先祖们，给后世的人们留下了很多寓言故事。我们可以借用这些故事表达自己的心意，也可以根据自己需要表达的意思编造一个故事，无论长短，也不管文采如何，只要能够成功地暗示对方、达到自己的目的即可。第四，运用语气。很多时候，即使是同一句话，说话时候的语气不同，所表达的意思也是完全不同的。因此，我们完全可以借助于语气表达自己的意思，从而暗示对方自己的真实想法。根据交谈时候的具体情境，我们还有很多巧妙的方法可以用来暗示对方，这要求我们了解对方的真实意图，明确自己想要达到的目的和效果，并且能够巧妙地运用语言或者是语气来达到自己的目的。只要做到了上述这几点，你就能够巧妙地不露痕迹地把自己的真实意图暗示给对方，从而达到自己的目的。

静静是家里的老大，她还有一个弟弟。去年，静静的父母因为买房子、装修新房借了一些债务，却没有能力还。因此，静静只有加倍努力地工作，以帮助父母还清债务。静静在全职工作的同时还兼了好几份工作，以便能够在新年到来之前帮助父母还清债务。一次，静静给妈妈打电话，妈妈说到弟弟婚姻的问题，说是想年底的时候少还一部分债务，以便给弟弟一些结婚的费用。静静的弟弟找了一个女朋友，静静的父母都很不满意那个女孩，因此始终都不同意。为此，弟弟几乎与父母断绝了关系，并且说不管父母的任何开销。听到父母这么说，静静突然觉得很生气，自己这么累死累活地帮助父母还债，父母却还惦记着给弟弟结婚的钱，而丝毫不在乎弟弟管不管他们。听到父母的话，静静非常冷漠地说："那就不要还债了，反正，你们就这么一个儿子，你愿意给他多少钱就给多少钱。债就全部别还了，一分钱都别还了。等你们有了钱，再慢慢还吧！"听到静静这么说，妈妈赶紧说："那就先不管你弟弟结婚的事情，等到有钱了，有多少再给他多少吧，还是先还账吧，今年还是先把债务还清了。"

在这个事例中，静静说话的言外之意是：我辛辛苦苦地挣钱给你们还债，你的儿子不管你，你们却用我的钱去给你们儿子结婚，那我就一分钱不出了，也不管你们还债的事情了，你们把自己积攒的几千块钱给你们儿子结婚吧，等你们什么时候攒了钱再慢慢还债。毫无疑问，妈妈听懂了静静的话外音，生怕静静不给他们钱还债，所以才会赶紧表示不给弟弟钱了，先还债。一个是自己的亲妈妈，一个是自己的亲弟弟，其实静静

心里也是很难受的，她既不能明确地告诉妈妈不许给弟弟钱结婚，又不甘心妈妈拿着自己的钱给她不喜欢的儿媳妇，她觉得心理不平衡，所以才会以冷漠的语气说出了上面这段她与妈妈都心照不宣的话。她达到了自己的目的，虽然她们自始至终都没有明确地说出自己的心思，但是彼此都了解了对方的心思。这就是暗示的作用。几天之后，当静静再和妈妈打电话的时候，她们还是亲密的母女，就像之前没有发生过不愉快一样。

在交谈的过程中，要想避免尴尬，要想不动声色地达到自己的目的，我们就要学会不露痕迹地暗示自己的交谈对象，从而更好地实现自己的目标。

适当创造情境，让对方进行自我暗示

在心理学上，自我暗示指的是透过五种感官元素(视觉、听觉、嗅觉、味觉、触觉)给予自己心理刺激或者是暗示。自我暗示具有神奇的作用，是人的心理活动中的沟通媒介，沟通意识思想的发生部分与潜意识的行动部分。通俗地说，自我暗示是一种提醒、启示和指令，能够帮助人们记住自己想要追求什么、注意什么、致力于什么以及如何展开行动。正是基于这个原理，人们发现，自我暗示能够支配和影响人们的行为。从某种意义上来说，自我暗示是每个人都拥有的一个无形的法宝。暗示有着不可思议和不可抗拒的巨大力量。经过研究，心理学家普拉诺夫发现，暗示不但能够潜移默化地使人的心愿、兴趣、情绪、心境、爱好等发生变化，还能够间接地影响人的健康状况、工作能力以及某些生理功能。科学家经过研究发现，暗示是一种非常有效的影响潜意识的方式。它能够超出人们自身控制的能力，于无形之中指导人们的心理和行为。通常情况下，暗示会使别人不假思索地接受一定的意见和信念，或者是不自觉地按照一定的方式行动。自我暗示既可以大声地说出来，也可以默不作声地进行，还可以通过在纸上写下来的方式影响自己，也可以吟诵或者歌唱，甚至在心中默念也能够达到预期的效果。其实，自我暗示的方法是很简单的，我们每人每天只需要抽出十分钟的时间来进行有效的肯定练习，就可以于潜移默化之中抵消已经在我们心中存在许多年的思想习惯。为了给自己创造一个积极的情境，每个人都应该坚持不懈地进行积极的自我暗示。

既然自我暗示有着如此神奇的魔力，那么，我们是否可以在人际交往之中使用自我暗示的方法呢？答案是肯定的。我们不仅可以自主地进行积极的自我暗示，也可以引导和启发身边的人进行自我暗示。与此同时，我们还可以设定一定的情景，使别人的自我暗示朝着我们预期的方向发展。

在一个小村落中有一个神奇的土坡，大凡经过这个土坡的人，如果不小心摔了跤，一年之内就会无疾而终。因此，村民之间渐渐开始流传，在那个土坡摔跤的人只能活一年。所以，大多数人都宁愿绕远，也不愿意从这个土坡经过。一次，张老汉去赶集卖鸡蛋，他的生意很好，不知不觉之间，他把整整两筐鸡蛋都卖光了。然而，他喜滋滋地数完钱之后，突然发现天

已经黑了。在回家的路上，张老汉决定从土坡经过，因为，如果绕远路，那么他回家的时间就更晚了。四周伸手不见五指，张老汉的心砰砰直跳，他不停地告诫自己不要摔倒，但是，突然，他被一个土坷垃绊到，无可挽回地摔倒了。张老汉回家之后呜呜大哭，第二天就一病不起了。家人找来医生给他诊治，医生发现他没有任何毛病，但是张老汉就是起不来床，并且不停地说自己活不过一年了。眼看着好几月过去了，张老汉越来越消瘦。家人想尽了办法，却始终不见成效。

最终，张老汉的孙子想出了一个办法。一天，孙子凑近张老汉的耳朵说："爷爷，我有办法让你长命百岁了。"张老汉一听，赶紧问："什么办法，快说！"孙子神秘莫测地趴在张老汉的耳朵上说了几句，张老汉立马就急了："你这是盼着我早点儿死啊！"原来，孙子的办法就是让张老汉再去土坡上摔几跤，因为孙子认为，既然每摔一跤只能活一年，那么多摔几跤不就能多活几年了嘛！见到爷爷不认可自己的想法，孙子劝说爷爷："爷爷，反正事情已经这样了，即使结果再坏，也不会坏到哪里去了。你不如就去试一试，万一管用，你不就可以长命百岁了嘛！"张老汉思前想后，觉得孙子说得很有道理，便决定再去那个土坯摔几跤。在土坡上摔了几十跤之后，张老汉忐忑不安地过了几天，发现自己的病情并没有变得严重，便开始高兴起来。他兴奋地说："看来，我可以长命百岁了。"从此之后，张老汉每天都乐呵呵的，果然，后来，他非但没有丝毫的不适，反而活到了九十多岁的高龄。

在这个事例中，那个土坡真的有这么大的魔力吗？只要在上面摔一跤，人就只能活一年了？孙子的办法真的管用吗，真的是摔几跤就能活几年吗？其实，张老汉刚开始的时候之所以起不来床，只是因为他被人们的传说吓住了，因此不停地进行消极的心理暗示，导致自己陷入死亡的恐惧之中无法自拔。而孙子的做法则于无形之中打破了人们的传说对张老汉造成的消极影响，张老汉在摔了很多跤并且忐忑不安了几天之后，挣脱了消极暗示的束缚并开始作积极的心理暗示，最终变成了长寿老人。

这就是暗示的作用。在人际交往的过程之中，很多时候，我们直接的劝说也许无法达到良好的效果，这种情况下，你也不妨学习一下张老汉孙子的做法，想办法打破别人心中的消极的心理暗示，从而使其进入积极的心理暗示之中，进而对自己产生好的影响和作用。

言而有物，避免“没说中”的尴尬

既然说没有人能够预测未来、未卜先知，那么，在以算命或者预测前途为由头和人搭讪的时候，就难免会有“没说中”的尴尬。那么，万一“没说中”，应该如何避免尴尬呢？其实，算命的讲究的就是见人说人话、见鬼说鬼话。虽然咱们不是骗人的江湖术士，但是在半真半假地给人算命或者预测未来的时候，也应该学会随机应变、见风使舵。大凡是给人算命的人，肯定都有着细致入微的观察力。因为，只有察言观色，才

能及时发现对方表情的变化，从而及时转换话头，以免说穿了帮。另外，在人际交往的时候运用算命的话术，一般都是出于善意的目的。所以，说中与否并非问题的关键所在，关键是要真诚地对待对方，给其以积极的心理暗示。

那么，如何避免“没说中”的尴尬呢？第一，说话说半边。细心的人会发现，算命先生说话往往都是大喘气，他们很少直接一气呵成地说出一句话，而是先以简单的提问开始，引导交谈对象尽量多说话，而自己则在一旁细致观察，搜罗自己想要的信息。这样一来，即使说错了，也可以在从相关信息中得到正确答案之后及时调转话锋。第二，让对方多说。其实，大多数算命的人之所以能够了解一些人曾经的经历，是因为这些人在与算命先生交谈的过程中无意中泄露了自己的信息。要知道，算命先生不但是察言观色的高手，也是搜罗信息的高手，同时还是推断的高手。他们能够通过从对方口中得知的信息了解对方的经历，并且推断出对方的生活。所以，只要让对方多说，你就能得到更多的信息，从而更加深入地了解对方。第三，了解一些相面学。相面也是一种算命的方式，从某种意义上来说，相由心生的话是有一定道理的。所以，如果你能够了解一些相面学的知识，就能够在对方没开金口的情况下洞察到一些细致入微的情况和信息，从而更好地为对方预测未来。第四，多说未来，少说过去。除非是有百分之百的把握，否则最好不要轻易地说出对方曾经经历的事情。这个道理谁都能想明白，未来的事情还没有发生，不管你说得对还是不对，对方都没有办法及时知道结果；但是过去的事情已然发生，假如你说错了，对方就会顷刻间失去对你的信任。很多时候，为了得到别人的信息，很多算命先生都喜欢说一两件对方曾经经历的事情，这种办法确实能够帮助算命先生得到对方的信任。第五，顾左右而言他。很多时候，大多数去算命的人都是比较相信命运的，因此，他们在听算命先生为其算命的时候总是非常虔诚和紧张。假如你没有说中，千万不要表现出来，而要装作不动声色的样子顾左右而言他，除非对方揪着你的失算不放手，否则，你很容易就能蒙混过关。总而言之，除了胆大心细之外，最好的办法就是说一些美好的话语，这样才能使算命成为拉近彼此关系的桥梁，有利于人际关系的发展。

一次，于凯给一个刚刚认识的女孩算命，女孩笑盈盈地看着于凯，等着他说点儿什么。于凯一本正经地掐指一算，然后说："你命中缺水。"女孩说："是啊，所以我妈妈才给我起名清字，就是为了让我沾点儿水。"于凯又接着问："你家门口有树吗？"女孩沉思片刻说："没有，我家挨着路，所以门口没有树。"其实，于凯本来是想说木遇水好的，但是，见到女孩说自己家的门口没有树，于凯赶紧调转话锋，说："没有树好啊，你看，你命中缺水，树也是需要水的，如果你家门口要是有树，就必须砍伐掉，以免你缺水缺得更严重了。"说完，于凯皱起眉头，似乎在认真思考。良久，他才缓缓地说："你应该找一个水命的男朋友，这样，你们的人生都会因此而变得更加美好。而且，你是一个非常善良的女孩子，虽然不会大富大贵，但是能够旺夫。哪个男人娶到你，绝对是天大的福气啊！不过，有的时候，你会遭遇一些小小的不顺利，例如，

你高考的时候肯定就不太顺利。”女孩说：“没有啊，我高考很顺利，一次就考上了大学。”于凯认真地说：“不对，你高考的时候肯定有点儿小挫折，是你坚持下来了，所以你才能考上大学。”女孩回想了一下，说：“还真是，我高三的时候因为生病没有参加高考，第二年才参加的高考。这也算是挫折吗？”于凯说：“当然算啦，不过，你很努力，所以战胜了这个挫折。”话说到这里，女孩对于凯已经非常信任了。其实，于凯是从之前的交谈中得知女孩学习成绩很好的，因此才根据女孩现在的年龄推断出她肯定晚了一年考大学，并由此推断出她高考的时候遭遇了小小的挫折。而至于为什么遭遇挫折，女孩子自己说了出来。

在问女孩子家的门口有没有树的时候，于凯的本意是想说应该有树才好的，但是发现女孩子表示否定之后，于凯便赶紧调转话头，说女孩子本来就命中缺水，不应该再种树了，否则就会消耗更多的水。从逻辑上来推理，这个话是正确的。于凯是一个非常机灵的人，能够不动声色地掩饰自己说错话的情况，从而为自己圆了场，避免了尴尬。

在你为了套近乎而帮别人算命的时候，也应该向于凯学习，即使说错了也不要觉得窘迫，而要保持镇定，从而令自己顺利地化解尴尬、渡过危机。

第08章

消除隔阂，恰当的沟通技巧帮你建立良性人际关系

遇到误会，急切辩白不如平心静气地沟通

由于每个人的脾气性格都不一样，相处起来，发生矛盾、产生误会在所难免。有了误会之后，最想做的就是尽快解释清楚，可是很多时候，你越想解释清楚，往往越解释不清楚。你的焦急和迫切的心情并不能让误会烟消云散，反而令你因为无法解释而错过了和解的最佳时机。

之所以想解释，是因为在乎彼此之间的关系，越是在乎越会着急。但是你要明白，着急解决不了问题。如果你能心平气和地和对方沟通，那么对方的情绪也会很平静。而你的紧张和骚动也会让对方情绪不稳，这样反而更加说不清楚。

王刚和赵鸣曾经一起在小区门口卖菜，慢慢地关系熟了起来，有时候王刚进的菜没有了，便会从赵鸣的菜摊上拿一些去卖。同样，赵鸣也享受着和王刚同样的待遇。两家互相帮助，生意越做越好，两家的感情也越来越好。

后来，由于小区治安管理，王刚和赵鸣在小区内各自办了一个蔬菜门市部。两家虽说不在一起卖菜了，但是两家的感情

依旧非常深，依旧享受着互惠互利的便宜。

这天，王刚的菜店里没有了辣椒，他打发妻子去赵鸣的店里拿一些辣椒过来。王刚的妻子来到赵鸣的菜店里说明了来意，赵鸣的妻子笑着说："我们的店里也不多了啊。"可是王刚的妻子清清楚楚地看到一大筐新鲜的辣椒摆在一边。她二话没说，愤愤地离开了。

第二天，赵鸣的店里缺了蘑菇，他火急火燎地跑到王刚的店里去借菜。王刚的店里有大量的蘑菇，但是王刚就是不同意借给赵鸣，两人为此吵了起来。在争吵中，赵鸣才知道之前发生的事。他一再解释说自己当时不在店里。可是王刚夫妇说什么也不相信。

一边是赵鸣急等着要蘑菇，一边是王刚夫妇因为之前借菜被拒绝而不肯原谅，亦不肯借菜给他。赵鸣急得像热锅上的蚂蚁，团团转，可是情绪越急，说话越没了把持，最后他竟然对王刚夫妇说："你们到底是帮不帮忙，今天这个忙不帮也得帮！"

王刚生气地说："不帮！怎么地，还想抢不成？"

赵鸣急得额头直冒汗，辩解道："我不是这个意思……"

王刚进一步说："那你什么意思，威胁的话都说出来了，还不是这个意思，你想怎么地？要是想动粗，我奉陪到底！"

赵鸣越急越是说不清楚，最后被王刚夫妇赶出了菜店。

故事中的赵鸣在跟王刚夫妇道歉时，因为心情急切，将道歉的话说成了威胁，结果不但没有消除误会，还加剧了彼此之间的矛盾。由此可见，当双方发生误会的时候，最好心平气和地和对方沟通，而不要火急火燎地只顾着表达情绪，否则会让对方觉得你是撂挑子、是在责怪他人。那么，当发生误会的时候，究竟该如何才能做到心平气和地交流和沟通呢？

1. 稳定心绪，心态缓和一些

发生了矛盾，产生了误会，这是双方谁也不愿意看到的。但是，误会既然产生了，就要想办法解释清楚。很多人只想着尽快消除彼此之间的误会，但是别忘了，别人也有情绪，你只是一味地解释，为自己开脱，别人却并不那么想。而你的焦急心情只会加剧对方的对抗情绪。这时候，不妨接受已经产生误会的现实，心平气和地来解决矛盾才是主要的。

2. 说话语气中别带不满情绪

有些人很在乎彼此之间的情感，觉得出现误会是很不应该的，所以总想在第一时间内将误会解除。可是，心情一急，话语间就有了情绪，对方的心情本身就不好，而你说话的时候带了情绪，会让对方更加烦恼，这样一来，双方的心情都很焦躁，事实上是不利于沟通和协调的。因此，说话的时候千万别带情绪。

3. 别抱怨，多找自己的问题

出现了矛盾，这是既定的事实，再抱怨也改变不了这个事实。但是，有些人就是没有办法接受这个事实，出了问题就知道抱怨。要么是抱怨自己，要么是指责他人。不管是怎样，你抱怨的语气只会增加彼此之间的误会。因为别人会觉得你在为自己开脱，或者是在推卸责任。试想，这样去沟通，误会能解除吗？

4. 沟通的态度不妨诚恳一些

既然你想要解除彼此之间的误会，那么沟通的时候态度不妨诚恳一些，让对方感受到你想要和解的诚意。如果你说话很冲，那么对方会觉得你不是在沟通，不是来解决问题、消除误

会的，而是来找麻烦的。那么对方自然不会给你好脸色看了。这时候，诚恳的态度是消除误会必不可少的。

5. 多站在对方的立场上考虑

双方产生了误会，很难说问题出在哪个环节。你可能觉得是别人不理解你、别人心眼小，一味地把眼光聚焦在别人的身上找问题，要求别人理解你；你却忘了，恰恰是因为自己的错误，才伤害了彼此之间的情感。这样，你越想消除误会，双方的误会就越深。所以，这时候，不妨站在对方的立场上来考虑，好好思量你的所作所为对对方造成了怎样的伤害。

巧用“南风法则”，帮你消除误会

人际交往，是一件非常讲究技巧的活动，人们都在想方设法地使自己的行为举止能够为对方所欣赏，从而使对方对自己产生好感，进而能够有进一步的交流，打开对方的心扉。然而很多时候总是事与愿违，一个动作的失误、一句话的错误，都有可能导致交流受到阻碍。尤其是我们在说错话时，对方可能被这些不该说的话激怒，这时，不要轻易放弃，想办法进行挽救和弥补才是最重要的，亡羊补牢，为时不晚。

我们应该对人际交往有一个正确的认识，不能因为人际交往的重要性而过于拘谨，也不能因为人际交往的随意性而全然不顾，要以一种十分端正的态度去面对，对交往的人、交往的环境、交往的主要动机，都要有一个大概的估计和掌握，并根据实际情况去设计和布置策略。要对“亡羊”有一个正确的态度，因为每次交往都非常顺利、没有任何瑕疵是不可能的，所以，当自己的言行引起对方的激动情绪或者敌意时，不要认为这是沟通失败的标志，而要把它看成进一步交流的机会，想方设法转危为机，这才是一个成功的社交者应该做的。

要在“亡羊”时，也就是沟通出现阻碍或者裂痕时保持镇定，快速思考“补牢”的方式，以使沟通回到正确的轨道上。俗话说“未雨绸缪”，在交往进行前，要对人际交往中可能出现的问题有一个预测，并为自己量身打造一份应急预案，以便状况出现时能够从容应对，及时“补牢”。这要求我们在平时多积累，尤其是面对一些突发事件时，要锻炼自己的快速反应能力，在最短的时间内作出最有效的抉择。

有几种方式可以有效地将被破坏的沟通氛围及时修补：

1.装作并不知晓

有时，你的一句话引起对方强烈的反应，这很可能是在对方与你还没有建立一定的信任或者对方固有的敌意还没有消除的时候，此时不进行挽救，那么沟通必然会到此为止。及时作出一种姿态，传递给对方善意的信息，情况可能就会发生转变。当你无意中冒犯了对方时，你可以马上表示自己并不知道这是失礼的行为，让对方知道自己并不知情，俗话说“不知者不怪”，只要对方不是刁蛮之人，他就会在一定程度上缓和自己的激动情绪或对你的敌意。如果对方是比较不容易劝服的人，那么就进一步向其表示自己并不知道所做的事情会冒犯他，用诚恳的态度保证自己不会将这些散播出去，给对方吃一颗定心丸。

2.诚恳道歉

一个人的认错态度是否端正，往往能够决定被原谅概率的大小。当一个人的认错态度十分端正时，他往往会得到被冒犯者的理解和原谅。所以，当你在与对方交流中无意冒犯了对方时，可以非常诚恳地向其表示自己已意识到错误所在，请求对方原谅，并保证不会再出现类似的问题。这种方式不需要任何精心设计或者思考，只要诚心诚意地将自己的真情实感和那份歉意展现给对方既可。人都是有感情的，再冷血的人也会有动情的时候，在这种真情实感的感染下，对方必然会作出一定的让步，从而使彼此间的交流重新回到之前的轨道上。

3.巧妙地解释

当你说出的一句话、做出的一个动作传达的意思激怒对方时，可以先让对方不要误会自己，然后为自己的言行寻找新的解释方法。当你的言行本身带有的意义具有冒犯对方的作用时，就不要再坚持这种意义，而应用一些不会冒犯对方的意义去解释你的言行，让对方感觉这真的是一个误会，没有必要纠缠下去，然后改变自己的态度，换成一种合作的态势。但是这种赋予新意义的方式需要具有较高的准确性，也就是在选择意义时一定要和言行相近，起码能够说通，如果有明显的生搬硬套倾向，对方通常不会买账。所以使用这种方式时需要人们有较快的反应能力和一定的生活阅历积累。

人际交往不会总是一帆风顺的，出现各种各样的差错都是极有可能的，所以要摆正自己的心态。当沟通出现问题时，不要慌张，因为慌乱会影响一个人的思考；要镇定地去想解决的办法，使彼此间的沟通重新建立起来。谨记，“亡羊补牢，为时不晚。”

犯下错误，及时诚恳地表达歉意

是人都会犯错误，但是，有的人犯了错误，很快就能得到大家的谅解；而有的人犯了错误，则被人所唾弃。究其原因，在于犯了错误后是否有悔意。只要能悔过自新，即使再大的错误，别人也会给你机会悔过自新。但是，如果你没有悔意，那么，即使再小的失误，别人也不会原谅你。关键在于你对错误是否有清晰的认识。

文强和蔷薇交往已有两个多月了。两个人的感情在一步步地升温，但是对于蔷薇来说，她越爱文强，越会感到不安。不是她不喜欢他，而是因为她曾经谈过一段刻骨铭心的爱情，因为爱，她把身体给了一个用生命爱她的男人。

她为此而感到恐慌和不安，她不知道当文强知道她的这段历史后是否能接受她。她想告诉他，但是她也害怕文强会因此而离开她，她越爱文强，这种恐惧和不安就越发强烈。很多次，她都鼓起勇气想说，但是话到嘴边，她又咽了回去。

这天晚上，她的公司要聚餐，文强说，他要去接她。可是一顿饭整整吃了三个小时，这三个小时，对于文强来说，实在太过痛苦和煎熬。从晚上6点一直等到9点。北京的11月，天气冷得令人发指，文强愣是在零下十几度的街上等，一等就三个小时。当蔷薇从酒店里出来之后，看到冻得瑟瑟发抖的文强，

眼泪忍不住流了下来，她觉得她不应该再隐瞒下去了。

于是她把她的那一段难忘的岁月告诉了文强。文强静静地听着，什么话也没有说。实话说，他心里非常地难受。但他是爱她的，他不知道，这个时候，他应该给予安慰，还是淡淡地一笑、说声没什么。实际上，他并不在乎蔷薇曾经和怎样的一个男人相爱，他更在乎他对蔷薇的爱。

蔷薇拉过文强的手说："那时候还小，对于爱情过于盲目，总觉得爱一个人就要把所有的都给她。经历过这段情感之后，我成长了不少。我不后悔和他相爱，但是如果时间能倒流，我一定不会那么傻、那么无知的。"说着低下了头，表情中流露中悔恨。

看着蔷薇楚楚可怜的样子。文强说："没事的，你不要太自责了。谁也没法预知我们彼此就会在对方的未来出现。我爱你的现在，就要接受你的过去，并想着和你一起憧憬未来。我们携手，向幸福的未来走吧！"

看着文强一脸的真诚，蔷薇感动得热泪盈眶。她站起来，紧紧地抱住了文强。

……

故事中的蔷薇在向文强坦白过去的时候，言语中流露出悔意，进而触动了文强的心，最终获得了文强的谅解。由此可见，当一个人犯错后，要及时地把自己的悔意表达出来，从而让对方因内心深处得到平衡而原谅你。这时候，你装傻充愣，势必会惹怒对方。那么，究竟该如何表达自己的悔意呢？

1. 说话声音要柔弱

一般情况下，当一个人占住理的时候，说话声音会大一些，正所谓有理声高。所以，你在犯错之后，说话的声音要低沉一些、柔弱一些。这样，对方就会在你的言谈中感受到你的悔意，感受到你因为犯错内心的不安。一般情况下，对方都会原谅你。如果你犯了错，还扯着嗓门说话，即使再宽容的人也会记恨在心的。

2. 言语中尽显歉意

你既然犯了错，那么就要及时地向对方表达你的歉意。在你的表达中，别人也会感受到你的悔意。因为你认识到自己错了才会道歉。表达歉意的时候，别一味地说对不起，要多说一些你的错误给别人带来的伤害、你为此而感到不好意思和羞愧。既然你表达歉意了，那么别人便没有必要和你计较下去。

3. 谈谈犯错后的领悟

当一个人有了悔意的时候，就说明他对自己的错误有了清醒的认识。在向对方表达你的悔意时，一定要把你的认识谈出来。如果这时候对方批评你，你要点头称是，千万不要和对方争论和辩驳。这时候，不管你说得对错，对方都会觉得你态度有问题，并没有真正地认识到自己的错误。

4. 不要为自己开脱

很多人犯了错误后都会找很多的理由为自己开脱，要么找客观的理由，要么把责任推卸到别人的身上。事实上，你为自己开脱，无异于认为自己没有错误。不管你找的理由多么合情合理，别人都会觉得你没有悔过的意思，都不会轻易地原谅你。

5. 表情动作要到位

除了言语表达你的悔意之外，在表达的时候，还要利用表情和动作传递你悔过的意思。比如，真诚的目光，或者低下

头、双手相搓，或者摸一下头等。你的这些表情和动作往往会让对方觉得你很不好意思。

学会“花言巧语”，避免沟通中的尴尬局面

谁也不想自己陷入窘境。但是很多时候，人没有办法预知未来。生活中的人们，随时随地都有陷入窘境的可能。陷入尴尬之后，如果你能迅速地随机应变，说一些“花言巧语”，为自己的尴尬找个说词，无疑是给自己找了个台阶下。当然，这样的“花言巧语”要说得恰到好处，让别人听着舒服，让自己的言谈举止合情合理。但是，生活中似乎很多人都不会说些“花言巧语”，那么究竟如何才能学会说“花言巧语”呢？

1.不妨巧妙地调侃自己

如果你一不小心说了不合时宜的话，或者是行为举止不恰当，让自己陷入了窘境，一定要及时地调侃自己，以化解尴尬的气氛，博得别人哈哈一笑。这样，你就巧妙地化解了尴尬。

比如，在一个非常正式的场合，你一不小心跌了一跤，让自己分外尴尬。这时候如果你啥也不说，别人便会盯着你看、笑话你。如果你站起来拍拍屁股说：“幸亏我膘肥体壮，要不然这一下非要把地球戳个窟窿了。”别人会被你的调侃和幽默逗得哈哈大笑，你的尴尬自然也轻松地化解掉了。

2.为自己找个恰当理由

当自己身陷囹圄之后，一定要及时地为自己找个恰当的理

由，缓解你的尴尬情绪。当然你只要说出你的理由即可，不要去作过多的解释，因为这时候解释就是掩饰。

比如，你参加了公司的会议，别人正在严肃的讨论问题，你却睡起了觉、响起了呼噜声。当别人把你摇醒之后，望着别人诧异的目光，分外尴尬的你不妨说："不好意思，昨晚上睡得太晚了。"别人自然不会追究你为什么睡得太晚了。

3.要巧妙地转移注意力

当你的言语和行为不合时宜的时候，别人的注意力会迅速地集中到你的身上。这时候你要想办法迅速地转移别人的注意力。当别人的注意力从你身上移开的时候，你的尴尬自然也就解除了。比如，你到朋友家去借宿，结果脱了鞋发现袜子开了一个很大的洞，别人看着你戳出来的脚指头，会让你分外尴尬。你不妨说："对了，明天咱们去哪里玩啊？"以此把别人的注意力从你的破了洞的袜子上转移开来。

很多时候，年轻人在说"花言巧语"的时候，往往把握不好别人的心理，总是把话说得很勉强，非但无法让自己摆脱尴尬，反而令自己更加不好意思，只能迅速地逃离现场，或者结束和别人的谈话。事实上，这都是不可取的。因为，在你陷入尴尬的时候，别人也会感觉到不好意思，你逃离尴尬的行为只能让别人觉得你处理突发事件的能力有限，因而对你产生不好的印象，甚至会不好意思再和你接触。所以，要把尴尬解决在自己的手里，为自己和别人赢得足够的心理空间。

年轻人千万要记住，在陷入尴尬后，要通过语言上的粉饰，缓解自己和别人心理上的不好意思，进而让氛围更加融洽，让进一步的交流和交往能正常地进行下去。

下篇

因地制宜，因人而异，掌握不同场合中的沟通之道

第09章
把握分寸，下属如何与领导高效沟通

察言观色，下属的必修课

人际交往中有一项重要的技能，那就是——察言观色。很多人听到这个词，会觉得它含有贬义，是老奸巨猾的代名词。其实，揣摩心意、查看细节，是每一个成功人士必备的技能。人们在交流中，不仅依赖语言表达内心的情感，也通过面部表情、身体姿势等外在表现流露真心。善于察言观色的人，就可以通过这些外在的表象透视人们的内心、了解人们的意图。自古以来，心智高超的人都擅长察言观色；在现代的职场中，若是不懂察言观色，也一定会跌跟头、吃大亏。尤其是下属之于上司，则更需要学会察言观色，对上司知其长、避其短，这样才能适时变通、应付自如。

所谓“察言”，就是要善于听出上司的弦外之音、言外之意。言谈是一个人的思想、性格以及情绪的外在流露，但是，很多时候，很多深层的含义或者真实意图都隐藏在说话者的言语之外。所以我们不能只听上司言谈的表面意思，更要用心领会上司隐藏在言语背后的真实意图。比如，上司对你说：“这

本不该是你的工作，要不就等到小李身体好了回来再做吧，最多也就多交两三天的违约金。”他的言外之意其实是：“虽然这并非你的本职工作，但我还是希望你能把它做好，否则公司就要多交两三天的违约金。”这时，你若顺着上司的意思，真的以为他不要你做这项工作，那么你就失去了一个很好的表现自己的机会，而上司的心中也必定会叹你愚钝和自私。但若是你能够听出上司这番话中的真正意思，自告奋勇地说：“虽然这不是我的本职工作，但是我希望可以尝试一下，因为毕竟我的工作也与之有关。”其结果自然是皆大欢喜。

所谓“观色”，就是要通过上司的面部表情和肢体语言来察觉他内心深处的思想。虽然有的上司城府很深，喜怒不形于色，但是，只要细心观察，总可以从他的面部表情和肢体语言中看出一些蛛丝马迹，从而揣摩他的心意、领会他的意图。比如，当你在向上司汇报工作时，若是上司正襟危坐，双眼直视于你，双手合十放在桌面上，并且上身微微前倾，那就说明他对你的话题很感兴趣，你所说的正是他所希望听到的；但若是他身子微侧，靠在椅背上，翘着二郎腿轻轻抖动，眼睛也不看你，而是东张西望，那就说明他对你所说的话一点儿都没兴趣，这时，你要做的就是赶快停止，回到自己的座位上，从头审视你的工作汇报，找出问题出在哪里。若是确定你的工作汇报没有问题，那就说明上司本人当时不在工作状态，你就要另择时机向他汇报。总之，善于察言观色才能令你把话说到上司的心坎上、把工作做到点子上。

Linda大学毕业后到一家广告传媒公司做了一名普通文员。

有一次，一个大公司决定为自己的洗发水产品做一个广告，创意设计就交给了Linda的公司，但是连续十几个方案都遭到了对方的否决，对方说，若是再拿不出让他们满意的创意，他们就找其他公司合作了。总经理大为着急，将策划部主管狠狠地批了一顿，同时命她将公司所有人员召集起来出谋划策，不论职位与工作类型，每人必须发言，只要能设计出一个好的创意，就立刻将其升任策划部副主管。

众人立刻开始忙碌起来，谁都希望自己的表现能获得总经理的青睐，更希望自己的创意可以拔得头筹。Linda自然也不例外，她征求了朋友、家人甚至邻居们的意见，设计出了一个自认为十分满意的创意，就等着开会的那天好好展示一番。

会议开始了，大家踊跃发言，纷纷展示自己精心设计的广告创意，气氛十分活跃。这时，Linda突然注意到，策划部主管虽然也在认真地听大家发言，但是目光涣散，手中的笔在本子上划来划去，却并不是在认真记录。她脸色阴沉，嘴角下垂，虽然面无表情，但Linda很明显地感受到了她内心的压抑。Linda心中咯噔一下，想："就算是创意再好，真的升任策划部副主管那又如何？如果主管心中对你有意见，那么以后的工作又怎能顺利开展？"于是她灵机一动，轮到她发言时，她只将自己的创意说了三分之一就草草结束了。会后，她立刻去找策划部主管，谦虚地说希望主管指教她的创意，然后根据主管的意见作了一些修改。临走时，她对主管说："姜还是老的辣。这样一修改，简直就不是我原先的创意了。还是按照您的意思上呈总经理吧！"果然，总经理以

及对方公司对此创意十分满意，而主管也趁机对总经理说："Linda的创意与我也有部分相近，说明她是一个很有潜力的女孩，希望将她调到策划部来做我的助手。"总经理自然很爽快地答应了。

就这样，Linda不但遂了自己的心愿——被调到策划部做了副主管，还得到了主管的信任，工作开展得顺利而又舒心。后来主管升职调离策划部时，还竭力推荐Linda做了策划部的主管。

很多有个性的职场新人对"察言观色"一词嗤之以鼻，认为这是投机取巧的一种方式。但察言观色确实是人际交往中不可或缺的一项技能。因为，只要身在职场，就无法避免与上级以及同事打交道，若是你不懂通过言谈举止体察他人的内心，就算你表现得再出色、工作再努力，也未必会得到同事以及上司的赏识。上文中的Linda通过策划部主管的面部表情以及肢体语言，敏锐地感觉到她内心的压抑和不满，因而采取了避其锋芒、投其所好的聪明办法，将自己的创意巧妙地说成是主管的功劳，不仅为主管保全了颜面，也为自己争取到了升职加薪的机会，同时获得了上司出自内心的赏识，为自己创造了良好的工作环境。否则，就像Linda所想的那样，假如上司不欣赏你、不支持你，无法与你很好地共事，那么你的才华再出众也没有显示的舞台，又哪里谈得上实施抱负、大展身手呢?

因此，人际交往中，察言观色，培养自己敏锐的观察力、明晰的鉴别力是十分重要的。在职场中，作为下属的我们，学会对上司察言观色，了解其真实的个性、心理与情绪，并用智慧与耐心去解决，就可以如鱼得水、左右逢源，为自己创造良好的工作环境。

选对时机向领导谏言，更能展现责任感

智者千虑，必有一失；愚者千虑，必有一得。因而，即使再精明的领导，也有考虑问题不够全面、处理事情不周到的时候。遇到这种情况时，下属如果不能够认清形势，只懂得盲目服从，很可能会导致更大的错误出现，自然也就很难有成功可言。因此，下属与领导相处之时，要学会向领导进忠言，如此方能改变时局，实现既定目标。

生活中，有许多下属总想讨领导的欢心，于是事事顺着领导，做起事来也总是看着领导的眼色行事，有时明知领导的决定不对，也抱着少说为佳的态度处置。其实，聪明的下属都懂得要不断提醒领导，在发现领导决定有不妥的地方时，不放任事态的发展，这也是下属有事业心、责任感的标志。

晏婴，又称晏子，是春秋时期的齐国人。晏婴曾是灵公、庄公、景公三世的齐国名相，也是继管仲之后齐国的名相。齐国历经灵公、庄公时期，已走向没落。到了景公时，政局混乱，景公便想光复先君伟业，让晏婴辅佐治理齐国，想要重振雄风。

一日，齐景公召晏婴来请教兴国安邦之道。面对着国君的请教，晏婴只是沉思了片刻，便邀请齐景公一起，外出察访

民情，出于一股新鲜劲儿，景公欣然应允。于是，君臣二人来到京都临淄的闹市，走进一家鞋店。可是，这些精美的鞋子并没有人前来购买；相反，倒是那些卖假脚的地方生意火爆。景公不解，便问缘由。对方回答道："当今国君滥施酷刑，动辄处人刖刑，很多人被砍了脚，如果不买假肢，又如何能够劳动与生产呢！"听到这些，景公有些心生烦闷，晏婴知道他一定是受到了刺激，于是，向景公说道："先君桓公之所以能够建立伟业，正是因为他能够爱恤百姓、廉洁奉公，不为满足欲望而多征赋税，更不会为修建宫室而乱役百姓。如今大王却要亲小人、远贤良，百姓敢怒而不敢言，生活苦不堪言。"听到这里，齐景公彻底明白了自己的错误，立誓要效法先君，光大宗祠社稷。

还有一次，景公及群臣到故纪国去游览，无意中捡到一个精美的金壶。只见壶内刻着"食鱼无反，勿乘驽马"八个大字。景公故作聪明地认为这是告诉大家"为避免吃到腥味，吃鱼的时候，尽量避免食用反面；如果想要走很远的路，也不能乘劣马"。听到景公的解释，众人无不赞叹其见解深刻。然而，晏婴在良久的沉默后说道："这里也包含着治国的道理，前一句是告诫国君不能过分压榨百姓，后一句则是表达不能重用无德无才的人。"景公不服，反驳道："既然纪国拥有这么好的名言，却为何还会亡国呢？"晏婴回道："正是因为他们把这些刻于壶内，而不是高悬于门上，因为不能时常看到并在生活中加以对照，才会如此结局。"景公听后方才有所领悟，便令群臣也要牢记壶内格言。

晏婴面对国君，尚且能够抱着这种不卑不亢的态度，更不用说我们所面对的领导根本不是国君，而只是一个普普通通的人而已。面对领导的错误，我们更应该积极地提出自己的看法，敢于向领导进谏忠言。

培根曾说过："过分地恭维别人，等于贱卖自己的人格。"因而，在与领导的相处中，如果一个人总是讨好领导，不懂得进忠言，只会让人瞧不起。相反，如果能够坚持自己的做人原则，面对领导的错误，能够坚持自己的主见，既是对上级的真心尊敬，同样也可以得到上级的认可。

当然，下级在向上级进言提意见时，也要把握好一个"度"，只有掌握好方法与分寸，才更容易被采纳。所以，如果你也遇到此类情况，只要掌握了方式与分寸，就大胆地向你的领导进言吧！

用什么样的方式汇报工作会更得领导器重

职场，就是看不见硝烟的战场，有的人在此惬意自得，如鱼得水般，轻松自在；有些人却在此处处碰壁，不得要领。之所以有这么大的差别，重点在于一个人能否与领导搞好关系，成为领导的心中的重要人物。

与领导相处，也是一门学问，如果处理得当，可以为你带来事业上的进步。相反，稍不留意，也可能让你跌落谷底，损失惨重。因此，对于身处职场的人来讲，与领导搞好关系，是

首要任务。当然，想要与领导搞好关系，除了给予对方尊重之外，还应学会低调做人，把耀眼时刻让给领导。否则，即使你的能力超群，也会被外露的锋芒所伤害。

张鹏在一家电脑设计公司任职，他是企划部的得力人物。要知道，他能够拥有今天的成绩很不容易。在他之前，这个部门已经接连调来好几个人，然而都没能改变企划部的面貌，最终没过多久，又都灰头土脸地离开了。领导这才把张鹏提拔到现在这个位置上。果不其然，没过几个月时间，企划部在他手上复活了。

在他的管理下，这些企划部的员工都像复活了一般，对工作充满了热情与干劲，没过久，整个部门便赶上了企业整体步伐。一时之间，企划部成为全公司的热门话题，公司上下，无人不知这位重要人物。在大伙的夸奖下，张鹏也开始得意起来，逢人就说自己的能力如何强，如果早一点让自己接手，这个部门早就改头换面。面对成绩，张鹏一味地陶醉在自己的成就中，根本没有注意到领导的心理变化。

张鹏所说的话，自然也传到了领导的耳中，这使得领导心里很郁闷。更让人生气的是，在公司的表彰大会上，当张鹏上台去发言时，他从头到尾都在表达自己的能力如何强、眼光又是何等高，正是由于自己的到来，才使得企划部摆脱了被合并的命运，最终能够走到公司所有部门的前头来。可以说，在整个发言的过程中，张鹏都在夸奖自己，根本没意识到他人的努力，当然也没有提到他的领导。

领导此时已心生不悦，只是没有表达出来。这不，表彰会没多久，领导便以他能力强为由，将其调离到“更需要”的部门中去。直到此时，张鹏才明白，正是因为自己过于张扬，在荣誉面前没有把领导放在第一位，才造成今天的局面。尽管他想给自己争取最后的机会，无奈时局已定，他也只能听从命令，去其他部门上任。

在这个故事中，张鹏力挽狂澜将企划部带出困境，并使其一跃成为公司先进部门，这其中有他的功劳。然而，他并没有意识到要把这些功劳与领导分享，甚至根本无视领导的存在。他的言行，最终使得他被调离。无论取得多大成就，都不可能是一个人的所为，更何况，领导的决定起到的才是决定性作用。所以你所取得的任何成就都有领导的份。如果都像张鹏一样高调宣扬自己的能力，以致抢走了领导的风光，只会引起领导的不快，最后势必会给自己带来损失。由此可见，下属面对成就时，保持低调，主动把成就相让与领导，是获得领导信任的有力武器。

现实生活中，有许多年轻人侥幸取得一点成就，便自我宣扬，到处显现自己的能力，甚至认为领导是依靠自己的努力才能做出成就，因而面对成就时总是极力争功，总想显得比领导更能干、更有能力。其实，这是最愚蠢的做法。要知道，身处职场，过于高调地突出自己，会在无形之中抢走领导的风头，使领导显得没有能力，这样做无异于给自己的成功增添阻碍。聪明的下属懂得，成功之时，保持低调，不抢领导的“镜”，才是深得领导心的做法。

作为下属，你的职责便是协助上司，如果有了一点小小成

就便邀功争宠，只会让上司觉得你的存在就是威胁。到时，换作何人都会想拔掉这个隐患。因而，要做一个聪明的下属，学会保持低调，把成就主动让给上司，成为上司的忠诚追随者，这才是获得成功的最佳途径。

从现在起，做一个聪明的下属吧，通过让功劳获得上司的信任与重用！

良药未必苦口，忠言也可顺耳

当今社会，一个人的能力表现在很多方面，会说话就是一种能力。放眼职场，会说话的人加薪、升职都比别人快一拍。当然，我们并不提倡谄媚、拍马屁得来的优厚待遇。一个敬业的员工，绝不会靠奉承邀宠，并且，实际工作中，当领导决策失误或者自己有更好的建议的时候，他也绝不会充耳不闻、远离是非。所以，作为下属的我们，既要理解古人“不在其位，不谋其政”的道理，又要充分发挥自己的主观能动性，积极地思考问题，给领导当参谋、做助手，这样，个人发展才不会是无本之木、无源之水。

古人云“忠言逆耳”，诚然，对于古代那些忠君爱国志士为国为民冒死进谏的事迹，我们着实很佩服，但是又不禁感叹，难道没有更好的建议方式吗？答案自然是“有”。既然如此，为什么不采取上级可以接受的说话方式呢？良药可以甜口，忠言自然也可以顺耳。

陈明是某电视购物公司的销售部主管，顶头上司便是销售部经理。接连三个月，公司的业绩直线下滑，为了促进销售，在季度总结大会上，经理提议大家可以开空头支票，也就是为了吸引顾客，另增设一些根本不存在的优惠或者服务项目。

对此，陈明很不赞同。他强调，让职员拿空头支票外出办事，会有许多空隙可钻，是极不负责任的。万一客户找上门来，不仅销售员个人的业绩乃至诚信会受到影响，也会连累到整个公司，甚至引发信任危机。也许是陈明的言辞过激，领导在恼怒中扔过来这样一句话："我看你是权限太大了。"

两个人正僵持不下的时候，一旁的销售员晓峰出来给他们打了个圆场："陈主管，就咱们经理的识人本领，有谁能逃得过他老人家的火眼金睛？不是经理信得过的人，经理能这么做吗？"僵局中有了这个台阶，陈明也就顺着附和，大夸经理办事精明老道。经理听了当然很欢喜，同时，他自己也在心里权衡自己这么做对不对，想明白后，不禁一身冷汗——自己差点办了糊涂事。会议结束时，经理表扬了陈明和那位销售员对公司负责任的态度。

要不是有销售员打圆场，恐怕陈明不仅没有劝住经理，还会和经理闹僵，这样，无论对于他还是公司的发展都没有好处。而很明显，帮他解围的销售员是聪明的，他更明白，领导在乎面子，顺着领导的心思建议，更能事半功倍。都说不打不相识，其实不捧也不相亲。自古就有趋类求同、排斥异己的说法。一句好话不仅可以让冲突缓解，更可以和对方在"知遇"感喟中拉近距离。

那么，作为下属，我们在让我们的忠言更加顺耳的时候，应该注意哪些问题呢?

1.选择领导可以接受的方式

一般情况下，我们在给领导提出建议的时候，更多的是采取口头语言的方式，但并不是每个领导都愿意接受这种方式。不同的领导接受信息的喜好是不同的。有的上司喜欢书面材料；有的上司喜欢数据分析；有的上司更喜欢直观的观察图片……只有先了解领导喜欢用什么方式接受信息，你才能投其所好，将自己想要表达的观点更好地传达给领导。

2.学会换位思考

一件事情，站在你的角度看是很有道理的，但是，领导站的角度比你高，而且他得到的信息比你多，所以，站在他的角度看起来就可能完全是另外一件事情。要知道，领导是把握方向的，他的工作就是判断各个问题的轻重缓急，角度和拥有的信息不同，得到的判断结果就会完全两样，而且领导经常不方便把他自己的一些考虑解释给下属。

所以，我们在与领导沟通时，如果能够改变自己的语言方式，效果或许更好。在“进谏”时，你不仅要站在自认为对集体有利的角度，还要“换位思考”，站在上司的角度考虑问题。

3.多与领导沟通、交流

由于信息的不对称，你认为正确的意见，老板往往可能认为目前时机尚不成熟，所以“不便采纳”。此外，在陈述时应多用中性词语及祈使句，不要让领导感觉你是在将自己的想法强加给他，换句话说就是我们应该给老板提“建议”而不是说“意见”。通过适当的方式把自己的建议传递给老板，如果这个建议对公司发展非常有益，相信老板不会不采纳的。因此，你需要平时多与老板沟通。老板也是人，同样需要与人交流。

4.态度要谦虚

莎士比亚有一句名言：“期望往高处爬的人，应该踩着谦虚的梯子。”想让老板重视并采纳你的“谏言”，就应该牢记这句话。

所以，作为一名称职的下属，你不能有“等着领导吩咐就是了”的想法，你应该开动脑筋，给出几种解决方案，再说明其长处和短处，让领导选择结果。这样，你也得到了锻炼，领导也不会瞎指挥，而这些方法是你想出来的，以后执行起来也比较得心应手。

指出领导失误，注意方式方法

中国人素来很爱面子，尤其是做领导的，掌管了一定的权力，自然有一定的权威和尊严。古人有“君无戏言”的说法，君王明知犯错却不知悔改的，大有人在，在他们看来，承认自己的错误会让自己失了权威和面子。

唐朝时，唐太宗常常为魏征当面指责他的过错这种行为感到生气。一次，唐太宗宴请群臣时酒后吐真言，对长孙无忌说：“魏征以前在李建成手下共事，尽心尽力，当时确实可

恶，我不计前嫌地提拔任用他，直到今日，可以说无愧于古人。于是，魏征每次劝谏我，当不赞成我的意见时，我说话他就默然不应，他这样做未免太没礼貌了吧？”长孙无忌劝道：“臣子认为事不可行，才进行劝谏，如果不赞成而附和，恐怕给陛下造成其事可行的印象。”太宗不以为然地说：“他可以当时随声附和一下，然后再找机会陈说劝谏，这样做，君臣双方不都有面子吗？”

唐太宗的这番话流露出领导对尊严、面子和虚荣的重视，他是一代明君，最能听进去劝谏之言，姑且有这样的想法，更何况作为常人的领导呢？所以，在工作中，当领导有失误需要我们指出时，我们一定要顾全领导的面子。

王晶这几天对自己的部长很不满意，到处发牢骚。原来，别的部门要从她所在的部门调一个人过去，王晶很想换一个部门尝试一下，而且那个部门是做技术的，王晶正好有这方面的特长。

于是，在部长向员工征询意见的时候，王晶主动地向部长表示自己愿意过去。但是部长好像根本就没有注意到她，最后反而让别人去了。更让她郁闷的是，过去的人对于技术根本一窍不通。

李佳在一家比较知名的企业任总经理助理，他的顶头上司赵总是理工科毕业，因而始终坚信技术和设备才是硬道理。赵总毕业后的大部分时间也一直是在研究开发领域工作，而对于企业的管理模式以及人事方面基本上是一知半解，也不愿意在这方面有投资。技术部门和管理部门之间实力出现明显的不协调，而且，出于对技术的钟情与依恋，赵总总是喜欢直接插手技术部门的事，把管理的层级体系搞得乱七八糟，属下表面上不说什么，但私下里无不怨声载道，这也使得李佳在与其他部门沟通协调时备感吃力。

经过思考，李佳决定向赵总提出意见。他对赵总说："真正意义上的领导权威包含着技术权威和管理权威两个层面，赵总您的技术权威已经牢固树立起来了，但是管理权威则有些薄弱，还需要加强。"赵总听后，若有所思。

李佳巧妙地规劝了自己的顶头上司，结果获得了成功。后来，赵总果然越来越多地把时间用在人事、营销、财务的管理上，企业的不稳定因素得到有效控制，公司运营进入了高速发展的态势，李佳的各项工作也顺风顺水、渐入佳境。

下属王晶之所以没有能够如愿以偿，仔细分析起来，是她与上级交流的方式有问题。作为一名下属，她这样迫不及待地直接向上级要求去另外一个部门，上司会感到很没有面子，并产生这样的想法："难道你就这么不愿意待在我领导的部门里吗？"这样一来，他自然不会顺顺利利地让王晶去了。

而假如王晶换一种交流方式，找个没有旁人在场的时候和上级好好谈谈，向他表示：我很不愿意离开这个部门，我很想继续被您领导。但是我觉得自己对于这个工作是一个比较合适的人选，如果让我过去试试，我一定很感谢领导对我的栽培。这样的话，相信领导会很乐意让王晶过去的，而且不会伤和气。部长得面子，你得实惠，双方皆大欢喜。

和王晶比起来，李佳先生做得就很好。他首先肯定了赵总在技术方面的权威，让赵总有了面子，接下来的交流工作自然简便得多。

所以，在和上级交流时给上级留面子是很必要的。给上级留面子，的确是给上司指出其失误的上等策略。

首先，它没有否定上司的观点和能力，而是站在上司的立场上，最终是为了维护上司的权威，其出发点是善意的、良性的。这一点，领导绝对能看得见。

其次，这种策略相对来说温和得多，能够充分照顾上司的自尊，易于被上司所接受，成功率较高；即使不能成功，也不会伤害到上司的尊严和权威，上下级之间的关系也不会受损。

那么，我们在指出上级的失误时，该怎样兼顾上级的面子呢？

1.要选择适当的时机

这是指要照顾到你上司的心情和场合。如果你在众目睽睽下揭了你上司的短、指出他的错误，你和上司之间的关系便会就此宣布破裂；你可以选择私下无人的场合，这更能照顾到他的面子。

另外，请记住他也是个普通人，当公务缠身、诸事繁杂时，他未必有很好的耐心随时倾听你的建议，尽管极具建设性。

2.注意说话态度，要注意分寸

注意说话的态度和敬语的运用，恰到好处地表达出你的意思。由于你的坦率和诚意，即使对方不完全赞同你的观点，也不会影响到他对你个人的看法。

3.观点鲜明，长话短说

上司一般来说都会对下属提出的过长的意见感到不耐烦。你在打算指出他的失误时，就要有一定的准备、有充分的理由，然后一气呵成地表达自己的想法和意见。如果你能在一分钟内说完你的意见，他就会觉得很愉快，而且，如果他觉得“有理”，也比较容易接受。退一步讲，即使上司不赞同你的意见，你也不会因此而浪费他太多的时间，他反而会为此欣赏你。

总之，上级总要保持一定的尊严，所以，在面对上级时，要注意维护上级的尊严，注意给上级留面子，这样才能够和上级很好地交流。如果不给上级留面子，上级也肯定不会听从你的意见，即使你的意见是正确的。

第10章 提纲挈领，在职场中如何与同事进行高效沟通

对于他人隐私，切忌信口开河

每个国家都有一定范围内的疆域和领土，这是其他国家无法侵犯的领地，也是本国赖以生存的领地。同国家的疆域和领土一样，对于每一个人来说，也都有属于自己的一块领地。每个人的领地都埋藏了一些秘密，人们只有在自己的领地上才能放松。因此，我们在与同事相处的时候，要保持一定的距离，不要随便进入他人的领地。

每个人在人际交往中，都存在着一种强烈的自我保护意识，以保护自己那块领地。而对于存在着利益关系的同事，这样一种保护的意识更加强烈。因为，在同事之间不存在真心交谈的朋友，只存在志同道合的革命同志。谁也无法向自己的竞争对手亮出自己的底牌，或是全面地展示自己，人们总会坚守自己那片领地。而人与人之间的交往是建立在互相尊重的前提之上的，这就需要我们在与同事相处时学会尊重对方，绝不随便进入他人的领地。

小李是一个性格十分开朗的女生，她刚进新公司没有多久，就赢得了同事们的喜欢。一天，她与同事下班回家，偶然看见上司的车里坐着与自己一起来的新秘书丽丽。她不禁有点好奇，还上前去打了个招呼："嗨，去哪里玩啊？"丽丽有点支支吾吾，含糊其词："我马上回家呢，正好与老板顺路，他载我一程。"小李笑了笑，就与同事回家了。

第二天，小李就在办公室大声公布了她的新发现，当她和同事正在那里大声讨论的时候，丽丽拿着文件夹进来，正好听到了，她脸色变得很难看，把文件扔给小李就走了。小李显得有点不好意思，两天以后，上司把她叫到办公室，告诫她以后在上班时间少说与工作无关的事情。小李闷闷不乐地回到工作的地方，让她更为伤心的是，没有一个人过来安慰她。

在同一个办公室上班，每个人都应该尊重他人的隐私，稍有不慎，就会祸从口出，甚至付出很大的代价。这就要求我们在办公室里随时注意自己的一言一行、一举一动，绝不揭露他人的隐私或伤疤。

一般而言，我们在与同事相处的时候，需要与对方保持一定的距离。这样的距离不仅是人与人之间的心理距离，还有工作目的与职权的界定距离。所以，我们在工作中，不要随便进入别人的私人领地，也不要对别人的隐私进行大肆的宣扬。

1.不要进入同事的秘密领地

每个人都有自己的秘密和隐私，在一个文明的办公室中，我们都应该尊重别人的秘密领地。如果你窥探别人的秘密，那会被认为是一种个人素质低下、没有修养的行为。当然，我们不可否认，每个人都有一定的好奇心。但是，如果你发现自

己对别人的隐私开始感兴趣，那么你就应该进行自我反思了。

其实，很多情况都是在无意之间发生的，比如，你偶然间发现了同事的一些奇怪行为，在聊天时无意间告诉了别人，这样一传十、十传百，弄得整个办公室尽人皆知。其实，你这样的无意识行为既对同事造成了伤害，也会使其他同事对你有防备之心。因此，与同事相处时，需要与之保持一定的距离，尊重对方的隐私，不要随意进入对方的领地。

2.不要介入同事的工作目的与职权

每个同事都有自己的工作目的与职权，很多人对自己工作领地有强烈的保护欲。这样一种自我保护意识体现为，他只会坚持自己的想法，不会轻易接受你的建议，也不希望你随便询问他工作的进度。其实，对于每个人而言，都对自己的工作领域有种强烈的操纵感，他介意其他人对他工作专业有任何的意见，做事我行我素，如果你随口问一句“工作进展得怎么样了”，他就会觉得你是在干预他的工作。

因此，如果不是有工作方面的需要，你千万不要介入对方的工作目的与职权范围内。不要自以为是地给对方一些建议，也不要随口问有任何关于对方工作的情况，你的无意之言只会让他对你产生敌意。如果你确实是需要配合工作，与其共事，首要任务就是与该同事作好完整详细的沟通。

总而言之，对于每一个人来说，都不希望自己的领地被他人侵犯。一旦他人认为你正在或试图侵犯他的领地，他就会对你转为敌对的态度。与其让自己职场中多一个敌人，还不如保持距离，真诚相待，使自己在职场多一个可以信赖的人。

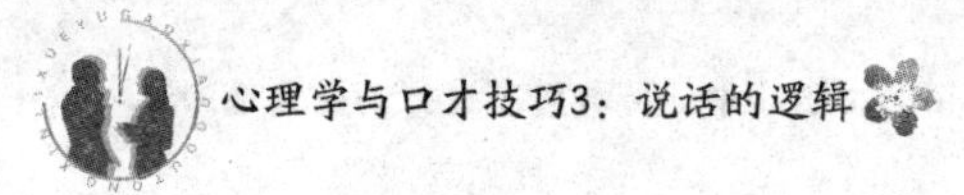

与异性同事沟通的技巧

在同一个公司、同一个办公室里，既不可能全部都是男性，也不可能全部都是女性，所以，你免不了会有一些异性同事。对于每一个员工来讲，千万不能小看了办公室里的异性关系，必须慎重对待。一旦你与某位异性同事的关系没有处理好，就会惹来非议，轻则会败坏你的名声，影响同事之间的关系；重则会让你身败名裂，甚至家庭破碎。因此，我们在工作中必须掌控好与异性同事的关系，这样才能构建和谐的办公室关系。

如何与异性同事进行更好的沟通呢？这主要分两种情况，那就是办公室男性如何与女性同事相处，以及办公室女性如何与男性同事相处。由于性别不同，人们所具备的个性特质也有明显的差别，这也导致他们在处理异性关系的问题上采取的方式有所差别。下面我们就针对这两种情况作一一的分析。

1.办公室女性如何与男性同事相处

很多女性在办公室总是面临两种相对的场面，要么很受欢迎，要么就是受到排挤。其实，这是因为她们没有把握好与异性同事相处的方式。办公室女性有着很多女性的特性，如爱发脾气，喜欢撒娇以及惯用女性特有的声调和语音，这对于男同事来说，都是一种与工作无关的干扰信息。因此，我们的女性朋友在工作中要尽可能地展现出一个工作中的状态，而不要把办公室当作自己的“舞台”，随意地展示自己。

（1）在工作场所不可对男同事撒娇

很多女性总以为自己身份不一样，于是她们常常把那种在父母面前、在男朋友面前使出的“撒手锏”——撒娇带到工作场所。她们怀着“我是女人”这样的心态来面对异性同事，于是，她们的嘴里经常蹦出一些“快点把那个给我”“今晚送我回家嘛”。其实，虽然你是一位女性，可能容易引起男同事的怜悯之心，但是，男同事毕竟也是同事，你们之间只存在这种利益的关系，因此对他们不要过分依赖。与其让自己的撒娇给对方一种很柔弱的印象，还不如增强自己的独立性，增强责任心，在异性同事面前展现一个不一样的你，这样才能受到异性同事的尊重。

（2）不要把心思花到吸引异性同事上

很多职业女性每天都盛装打扮去上班，并且极力在办公室表现自己的美丽形象，目的就是吸引某位异性同事，或者是讨好自己的上司。其实，即便是你对某位异性有好感，你也应该下班之后或者另外单独找个时间对其表白，千万不要公开地向哪位异性同事示好。对你来说，可能会觉得是大胆的行为，但是结果只会是给对方带来一些干扰，并使自己迅速成为办公室的绯闻女主角。

（3）降低自己的声音语调

很多女性在说笑时容易发出尖锐的笑声，并且语调异常娇嗔，这固然是作为女性所独有的特征，但是其实很多男性同事对此十分反感。另外，有少数的异性同事，则会通过你的声音语调揣测你的行为，他甚至会误解你的行为。因此，办公室女性要时刻注意自己是否也存在这样的情况，并且尽量降低自己的声音语调。

（4）与异性同事进行有效的沟通

当你遇到了工作中的难题时，你可以虚心向异性同事请教，或者主动约男同事出外喝茶，交换彼此的意见。但是，要谈论一些有关工作的事情，避免闲聊，这样可以沟通一下感情。当下班的时候，不要急着回家，你可以对那些还在忙于工作的同事提供帮助，这样可以在工作中建立情谊，改善你的人际关系；而当你遇到困难的时候，别人也不会袖手旁观的。

（5）适当展现自己的女性魅力

办公室女性除了像男性一样表现自己，在异性同事面前展现自己理性、坚强的一面，也要适当地展现自己女性特有的温柔的一面。比如，你可以面带微笑地倾听他们的牢骚，你也可以在为自己倒水的时候顺便为身边的异性同事捎带一杯热气腾腾的茶水。这样可以给对方留下好的印象，令其觉得你是不具备攻击性的。

（6）不要过分亲近

办公室女性千万不要与异性朋友太过于亲近，以免造成误会。即便是某位异性同事与你交谈甚欢，你也不要对他进行特意关照，这样只会让其他的同事远离你、背后议论你；也不要在办公室做出一些类似恋爱的暧昧举动，如用眼神交流、说悄悄话等，不管你是有意的还是无意的，这些举动都足以让其他同事对你们的关系表示怀疑，也会让你成为办公室的绯闻女主角。

2.办公室男性如何与女性同事相处

在办公室里，男性也要掌握好与女性同事相处的方式。由于很多男性在事业上的成功，因此他们把一种“性别”问题带进办公室，动不动就对女性同事报以不屑的表情，这都是男性应该避开的雷区。除此之外，办公室男性要给予女性同事最大的尊重，巧妙地恭维爱发牢骚的女同事，真诚地对待那些年长的女同事，还要随时留意办公室绯闻。

（1）不要把“性别”问题带进办公室

无论你从事任何工作，你都不要把性别问题放在第一位，对方工作做得好与坏才是体现其价值之处。很多男同事自认为自己能力优秀、高人一等，于是他们对女同事持一种看不起的态度，他们常常会说“连这点小事都办不好，还是回家带孩子吧”，明显地显露出性别歧视。对此，男性同事千万要避开这个雷区，不要把性别问题带进办公室。

（2）真诚对待女同事

办公室男性需要最大限度地尊重女同事，要想别人对你有好感，你就要学会尊重女性，真诚地对待她们。尤其是对待那些比你年长的女同事，你要特别地尊重。即便你在工作上做出了成绩，也要注意态度朴实、真诚，不能表现出一副了不起的样子。在与她们打交道的时候，也要避开谈论对方年龄、婚姻以及个人私事这样的话题，这是对她们的一种尊重。

（3）巧妙面对爱发牢骚的女同事

有的女同事喜欢发牢骚，她们习惯说“这样的工作干不了”“又是加班，我已经一个星期没有睡好觉了”。面对这样一些女同事，你不妨巧妙地恭维，给她们戴戴高帽子，比如，你可以说，“最近干得都不错，希望你要发挥出更优秀的一面”“请你一定要帮这个忙，你看，我们工作都少不了你”。当对方听到这样的恭维话，即便是她嘴里一边嚷嚷，心里也一定是很受用的。

（4）对办公室绯闻置之不理

如果你的办公室里最近传着你与某位女同事关系甚密的绯闻，那么你要表现出置之不理的态度。在办公室里，男女关系其实是最敏感的，当其他女同事认为你与某位女同事关系甚密，那么其他那些女同事就会对你敬而远之。如果你真的与那位绯闻女主角存在着暧昧的关系，那么你就需要在以后的交往中注意双方之间的适当距离；如果这不过是办公室里的谣言，那么置之不理无疑是最好的办法，当人们的兴奋劲过去了，就没有人再来关注这件事情了。但是，千万不要解释，你的解释只会越描越黑，加重舆论效果。

总而言之，不管是办公室男性还是办公室女性，都要对异性同事采取大方、不轻浮的态度。你的言行举止要表现出对异性同事的尊重，这样才能够使某些复杂的工作变得简单一些。另外，如果你是办公室恋情者，那么你在工作场所要与恋人保持一定的距离，将他视为工作中的同事。在对待异性同事的态度上，要严格遵守公私分明的原则，尤其是在工作中，过于彰显自己的个性，是绝对的禁忌。

不抱怨，不抢功

在日常工作中，有的人看见昔日与自己站在同一起跑线的同事不断地晋升职务，就免不了想想自己的处境——只有普通的岗位、拮据的生活，心理因而失去平衡。他们总是认为同事是“瞎猫撞到死耗子”，觉得上司对自己不够公正，甚至怀疑同事背后有着不可告人的“潜规则”。总之，对同事的成功，他们总是感觉那是不正当手段取得的，心里怀有敌意，有时还会抢占同事的功劳，以此来达到心理上的平衡。其实，作为同一间办公室的同事，或许大家本来是站在同一起跑线上的，在职场生涯中，会不可避免地有所比较。有时候，同事的进步会或多或少地让我们的心里有些触动，这是很正常的。但是，许多人并没有调整自己的心态，而是愈演愈烈，最后，几乎把同事当成敌人，他们四处抱怨，想法设法地抢占同事的功劳。其实，我们身处职场这个风云变幻的环境中，应该保持平和的心态，不抱怨、不抢功，这样我们才能与同事建立融洽和睦的关系，才能打动同事的心。

新年过后，公司又开始新的一轮人事变动，准备提拔一批年轻的干部。小娜、小乐、小慧是很好的朋友，在大学的时候是同班同学，一起进的公司。三个人的工作能力都特别突出，又同在一个部门，这次的人事变动引起了其中两人的关注。小娜认为自己绝对能够胜出，因为自己不但工作能力优秀，而且长得很漂亮，这对于经常在外面与客户洽谈业务是相当有益的；小乐则专注于自己的工作，偶尔会向同事打听一下，并没有过多地关注；小慧则不闻不问，一点也不关心人事变动这件事。

最后结果出来了，业务部提拔出来的年轻干部是小乐。一时间，办公室议论纷纷：论工作能力，小娜比她能干多了；论业绩，小慧丝毫不比他逊色。每天听着这样的议论，小娜心里觉得很愤慨，她非常嫉妒小乐，索性请病假歇班了。而小慧则真诚地向小乐祝贺，并更加积极地投入到工作中去。

不久，小娜因为心里有情绪，在工作上提不起劲，还是在原地踏步。而工作出色的小慧则在两个月之后被提升为办公室主任；同时，她与小乐的关系也越来越好，可谓是事业、友情双丰收。

一场三个人的竞争，就这样成了双赢的局面。小娜最终因为嫉妒的心理影响了自己正常的工作；小慧保持平和的心态，大方为同事的成功而喝彩，她也获得了最后的成功。其实，小慧这是一种自信的表现，因为她知道自己是一颗珍珠，别人的光辉非但不会遮蔽自己，反而会把自己照得更亮，所以，面对同事的成功，她不抱怨不抢功，而是送出喝彩，积极投入到工作中，最后，终于凭借自己的实力得到了上司的认可；同时，她谦逊、平和的姿态也赢得了同事小乐的好感，两人成了工作中的好搭档。

西班牙学者巴尔塔沙·葛拉西安有句名言：“学会欣赏每一个人会让你受益无穷，智者尊重每一个人，因为他知道各有其长，也明白成事不易。”在办公室里，不乏这样的人，当自己取得了成绩、荣誉，就奔走相告，兴奋不已，而一旦同事或

者身边的人有了进步，却往往充耳不闻，甚至竭力地挖苦、冷嘲热讽对方，以宣泄自己的嫉妒心理。其实，这是一种心理失衡的表现。我们要时常调整情绪，保持平和的心态。

1.对自己有信心

在办公室里，只有那些缺乏自信的人才会抱怨、才会嫉妒。看着同事的成功，想到自己没有出头之日，他们渐渐内心失衡，以至于抱怨上司不公平、抱怨同事走了关系等。作为办公室里的一员，我们要对自己有信心，要相信，今天晋升职位的是同事，明天可能就是自己了。对自己有信心，在一定程度上，能缓和心理的不平衡，从而保持心态的平和。

2.为同事的成绩喝彩

当身边的同事获得了成功，我们应该大方地为他人喝彩，这是一种智慧。为同事的成绩喝彩是一种难得的智慧，当你在欣赏同事的时候，也在不断地提升和完善自己；当你真诚地为同事的成绩而鼓掌的时候，你化解了敌意，获得了友谊；当你在赞赏同事的时候，其实也矫正了自己的狭隘自私和妒忌的心理。另外，为同事的成绩喝彩，能拉近与同事的心理距离，增强自己的人际吸引力，建立融洽的人际关系，营造良好的工作环境。

3.不抢占同事的功劳

当同事为公司立下了大功，许多人在心理失衡的情况下会做出抢功的行为，明明是同事的功劳，硬是在上司面前说自己也有功劳，以此来平衡心理。其实，这样一些行为是很不对的，一旦真相大白，不仅得罪了同事，也会在上司心里留下恶劣的印象。所以，面对同事的成绩，不要嫉妒，不要抢占同事的功劳，而应想着自己怎样才能获得同事那样的成绩。

言谈间不宜“锋芒毕露”

在办公室里，每个人都想扮演得聪明一点，似乎只有这样才能凸显自己的价值。事实上，许多人都想错了，他们表现得太过聪明、太过优秀了，处处给人一种了不起的印象，最后却成为同事争相排挤的对象；而那些看起来傻头傻脑，说话做事都笨笨的人，却成为了同事们喜欢的对象，这是为什么呢？办公室本就是是非之地，要想在这里获得一片自由的天地，我们就必须融入这个圈子，懂得藏锋，藏起自己的优势，适当暴露自己的一些缺点，以此来消除同事的心理戒备，这样，才能赢得同事的认可。在工作中，同事会不自觉地把你当成竞争对手，如果你处处表现得很优秀，锋芒毕露，他自然会感觉到你带来的威胁感，无形之中，你就成了他讨厌的人。所以，与同事相处，不宜表现得太过优秀，即使你有天大的本领，也要懂得收敛。为了打消同事心中的顾虑，不妨适当暴露一些缺点，说话千万不要自以为是，否则只会聪明反被聪明误。

学校组织开新学期教研会议时，头发花白的李老师不禁发起牢骚：“为什么老是安排我们老教师上普通班、年轻的老师上尖子班？你们是看不起我们吗？既然看不起就直接叫我们下岗算了，还留我们干吗！”坐在旁边的年轻老师沉默了，小王

老师作为主任组织了这次会议的，他也低下头，默默地听着。李老师继续倚老卖老：“你们这些年轻人、小毛头，别看不起我们这些老家伙！别以为你们文凭高，什么重点大学研究生的！我们在讲台上吐的口水都比你们多！二十年前，我们都站在讲台上教书了！说说看，二十年前你干什么的！”“二十年前我只读小学。”小王老师只能这么回答。

等李老师牢骚发完了，小王老师才说：“这是上头领导这么安排的，我也只能这么做，不过，以后在工作中有什么疑问，我们肯定会请教和遵循老前辈们意见的。”自从散会后，小王老师在那些老教师面前，就像个什么都不懂的小学生一样，故意暴露了自己的一些缺点，并处处向老教师请教，而且无论做什么都维护老教师的意见。对于他们那言语犀利的牢骚，小王老师从不反唇相讥。久了之后，老教师们也没什么意见了。

再后来，小王老师被调到更好的学校了。教研组的老教师们居然舍不得他走，李老师还满含歉意地说以前的牢骚很对不起他。新上任的主任恰巧也是个年轻的老师，见此就询问如何处理与资历深老同事的关系。小王老师就说：“不要表现得太优秀，凡事装得笨一点，你就会受欢迎了。”

在上面这个故事中，我们不难看出小王老师为人处世的智慧。也许，在众多资历高的老同事面前，小王老师不过是个小人物。他明白，自己的工作要想做好，就必须打动这些老同事的心。于是，他扮演了一个不起眼的小人物，在老同事面前适当暴露了“愚笨”的缺点，以此打消了同事心中的顾虑，以诚恳的态度赢得了同事的尊重，从而与之建立了和谐的人际关系。

1.收敛锋芒

当今社会，竞争日益激烈，每个人的智力也得到了空前的解放和开发。在工作中，在办公室里，人们争先恐后地表现自己，梦想着出人头地、做出一番大事业。其实，如果你显山露水，争着炫耀自己，使出全身解数来成为同事妒羡的对象，当你的虚荣心不断膨胀的时候，你离失败也越来越近了，这就是锋芒毕露的下场。因此，不管你是职场新人，还是已经在职场混迹了多年的老手，都不要太过于展现自己的锋芒，而要懂得藏其锋芒，表现得愚笨一点，或者适时表现自己的缺点，这样，你才能真正地融入办公室这个大家庭，才能打动同事的心。

2.大智若愚

在日常工作中，即使你真的才智出众，也要给人一副“愚笨”的印象，不要炫耀自己、取大舍小。因为厚积薄发才得以宁静而致远，山间小溪虽然看似貌不惊人，最后却能纳入大海。在同事面前不要显露自己的聪明，不向同事夸耀自己、抬高自己，在他们面前扮演一个小人物，不抱怨，专心做好自己，在不显山不露水中获得成功。

保持谦逊，多向老同事请教

在工作中，我们常常会大放苦水：“在办公室里，那些

已经工作三四年的老同事真让我们心烦，平时不管我去做什么事情，他们总喜欢过来指指点点，真是令人苦恼，而且，这样的同事很难以亲近。”其实，我们的苦恼应该是每一个职场新人都曾经历过的。对于每一个职场新人来说，初到办公室的第一步就是与老同事搞好关系。可是，如何才能打动老同事的心呢？所谓的“老同事”似乎更像是老古董，不论自己说什么，他们就是不为所动，简直是软硬不吃。而且，他们大多年纪比较大，脾气古怪，稍有不慎说得不对，他们就还你以冷峻的脸色。事实上，面对老同事，也有专门的解锁方法，那就是多向他们请教，毕竟他们工作时间比自己长，他们说的那些教导还是挺有道理的。不过，在请教的时候，需要忌讳的是，不得在老同事面前表现得“无礼、目无尊长”，否则就难以亲近他们。为了亲近老同事，我们应该时刻注意自己的言行举止，保持谦虚谨慎，如此方能打动老同事的心。

小刚刚到公司不久，主管就安排他与一位老同事写一份计划书，两个人在确立计划书的方式时，小刚提出了自己的看法，可是，老同事对他投以不屑地眼光，说道：“小伙子，你想邀功的心情我理解，但你才进来，还是低调点好，小心‘枪打出头鸟’哟！”

小刚心中很生气，但是，他冷静地想了想，老同事是干了十几年的老职员，如果与老同事发生矛盾，对自己今后的工作十分不利。于是，小刚诚恳地说：“我其实并不想邀功，只是希望与您合作能够干出点成绩来，不管用谁的方案，报上去时都用您的名字，我就当好您的搭档。”听了小刚诚恳的话语，老同事终于同意了小刚的方案。

一般而言，大多数老同事会凭着自己资历深厚而对新人的言行举止百般挑剔、抵触或者根本不认同，处处干涉、事事指导，让一些职场新人无法施展自己的能力，工作总是被牵制。另外，一些老同事还有一定的戒备心理，他们在工作上很保守，不愿意指点、帮助新同事，害怕“教会了徒弟，饿死了师傅”。在这样的情况下，我们该怎么办呢？毕竟，老同事也是人，而且，他们大多比我们年长。事实上，他们都比较喜欢谦虚的孩子。如果我们多向他们请教，处处透露出尊重、谦虚、诚恳，那么，他们一定会被打动，并愿意成为我们的“职场导师”。

1.凡事多请教

在工作中，遇到不明白的地方或是碰到难题时，需要多向老同事请教。这时，不管对方的脸色如何倨傲，我们都要虚心对待，这样才能赢得老同事的认可。另外，即使我们有自己的想法，也应向老同事询问他们的意见，毕竟他们资历比较深，看问题比我们看得远，参考他们的意见对我们是很有益的，同时，也能增加与老同事的亲密度。

2.说话要尊重

即使在办公室遇到了倚老卖老的老同事，面对他们，我们也应该处处流露尊重的态度，善于发现其优点。不要反驳老同事的看法，不要与之发生正面冲突，给予老同事最充分的尊重才是上上之策。

3.即使是拒绝，也要诚恳

有的老同事喜欢指使新人去做一些琐碎的事情，作为职

场新人，你不要生气，即使自己真的很忙，或许实在不想被指使，也应该学会委婉地拒绝。当然，话语一定要诚恳，比如，“不好意思，我真的很忙，手上正好有一个计划需要赶写出来，而且，今天就要完成”。尊敬的态度，诚恳的语气，相信老同事一定会因此而谅解你。

4.将功劳让给老同事

在工作中，我们经常有与老同事一起工作的机会，对于共同完成的工作任务，为了表示自己尊重的态度，我们可以将功劳让给老同事，以此博得老同事的好感。当然，如果老同事推辞，那就另当别论了。在这里，比较忌讳的是抢占老同事的功劳。这样，你就会得罪老同事，并成为他们所讨厌的人。

第11章

讲究技巧，领导如何与下属进行有效沟通

回答下属的问题，态度须诚恳

对于企业或公司的领导来说，不仅要通晓管理的理论知识，还必须拥有娴熟的领导艺术。因为，在企业或公司中，下属是直接接触到具体业务的人，而具备与下属交际的沟通能力是领导艺术中的一门必修课。领导在面对下属提问的时候，应用诚恳的态度回答，显示出自己的诚信。因为只有了解下属的思想动态才能够进行卓有成效的管理。互相了解，能够提高知觉的精确性并促进沟通的效果。许多公司企业高管大多主张与下属应运用坦率诚恳的沟通，尤其是面对下属所提出的问题时，领导者应以诚恳的态度回答或帮助其解决问题，显示出其作为领导者应有的诚信。在日常工作中，上下级的沟通是不可避免的，这其中的沟通问题同样也是无可避免的，而诚恳、坦率是人际关系中的重要元素，同时，也是促进沟通渠道畅通的有效保证。在任何时候，态度诚恳都是最受用的沟通方式。

居于领导者这个位置，决定其不可随意说话，说什么话、以什么样的态度说话，都是需要仔细考量的。对于下属或其他

人的提问，领导者千万不要认为自己可以随便回答，简单地敷衍，“就这样吧，我会看着办的”“我知道了，知道了，你不用说了”“这会儿我正忙着呢，过几天再来吧”……这种敷衍、拖延时间的回答策略是万万不可取的。在下属眼里，领导应该可以为自己解决一些问题，诸如解释疑难、解决心中的难题，他们往往把一切的希望都压在领导者身上。在这样的情况下，领导者更应该以诚恳的态度回答他们，从而显示出自己的诚信。其实，在为其解决问题的过程中，你也为自己树立了诚信的领导形象。以后的工作中，相信下属对你的评价将会越来越高，对你也会越来越敬重。

松下幸之助是一个坦诚直率的人，因此他也希望员工同样有自主性，同样坦诚直率，从而在公司形成一种自由豁达的风气。

在松下的企业里，允许员工当面发表不同的意见和不满，并鼓励员工提问。松下公司的员工必须遵守公司经营理念的要求，在此基础上，每一个员工都不必唯命是从，他们可以自由发挥自己的判断力，而不是采取消极的态度。松下说：“员工不应该因为上级命令或希望大家如何做就盲目附和、唯命是从。”

以前，松下电器的员工分为一、二、三、四等和候补四级。有一位迟迟未获升迁的候补员工对自己的境遇十分不满，所以就直截了当地对松下说：“我已经在公司服务很久了，自认为对公司有了足够的贡献，早已具备了做三等员工的资格。可直到现在，我也没有接到升级令。是不是我的努力还不够？如果真是如此，我倒愿意多接受一些指导。其实，恐怕是公司忘了我的升级了吧？”松下态度诚恳地听完了下属的话，他当即表示："你说的情况，我马上会去调查，到时候，一定会给你圆满的答复。"他对此非常重视，责成人事部门调查处理，不久就给候补员工办理了升级手续。

松下从不限制员工越级提问题或提建议，即使普通员工，也可以直接向社长——而不是他的直接上级——反映问题、表明主张。所以他提醒那些高层干部，要有这种心理准备，对此要有欢迎的姿态和支持的行动。松下认为，公司既然是大家一起经营的，就应该由大家来维护，无论哪一环出现波动、失去团结，都会影响到企业正常的运转。

在这里，松下作出了两个正确的决策，一是鼓励下属提问；二是以诚恳的态度解决下属的问题。当面对一位对自己的境遇十分不满的下属时，松下虽然没能当面回答什么，但他以自己的实际行动回答了对方。如此的态度是无比诚恳的，也难怪松下会成为世界知名的品牌，这跟领导者对下属态度诚恳是有密切关系的。

提问、回答实际上是一个交流的过程，面对下属的提问，领导者应保持诚恳的态度回答问题。而态度诚恳主要包括以下几个方面。

1.用心倾听

学会倾听是成功交流的前提，领导只有弄清楚下属提出的问题，才能作出有效的回答。好的倾听者，不但是用耳倾听内容，更是用心听感情，正确的倾听态度是达到最佳倾听效果的前提。在与下属的沟通过程中，认真倾听下属的问题不只是对下属的尊重，还可以体现出自己的修养。学会倾听是加强上下

级之间的沟通、促进形成良好的人际关系的有效途径。

2.用心交流

在与下属进行语言交流的时候，领导者要学会用心交流，在回答问题的时候，简洁明了、用心说话。在回答下属问题时要用情说话，不能公式化地回答、不与下属交流。一个会用心去和下属交流的领导者，会向下属展现出问题之外的东西，诸如情商、诚信。

3.知之为知之，不知为不知

一个人的知识量毕竟是有限的，即使准备得再充分，在面对下属提问的时候，也难免会遇到自己不懂的问题。在面对下属提问的时候，领导者千万不要不懂装懂，这时候，不妨开门见山地向下属坦白自己并不知道如何回答，这样反而能拉近你与下属之间的关系。当然，在某些时候，你也可以发挥自己的主观能动性和创造力尽力去回答问题，但是，切勿南辕北辙、张冠李戴。

美国总统林肯曾说：“一滴蜂蜜要比一加仑胆汁能吸引更多的苍蝇。人也是如此，如果你想赢得人心，首先就要让他人相信你是他最真诚的朋友。那样，就会像有一滴蜂蜜吸引住他的心，也就有一条坦然大道，通往他的理性彼岸。”用诚恳的态度回答他人的提问，以此打动人心，这本来就是最佳的沟通方式。

让下属感受到关爱之情

俗话说：“欲晓之以理，必先动之以情。”领导者如果希望下属能够全身心地投入到工作中去，甘愿为工作付出，那么就需要运用“情”让下属知道你很“疼”他。其实，领导者表现出的“情”并不一定要通过一些重大的事情来体现，更多时候是体现在一些细微的小事上。这些小事都是在日常的工作中体现出来的，或者是一句贴心的话，或者是一个善意的微笑，或者是细心地聆听，或者是记住每一个下属的名字，或者是与下属愉快地聊天，或者是适当暴露自己的缺点、拉近与下属之间的距离。这些事情看起来似乎微不足道，却常常能够温暖下属的心，激起他们的感激心理，令他们把所有精力都投入到工作中去。

在《三国演义》长坂坡之战中，曹军轻军前进，曹纯率精骑五千追击刘备军。危急之时，张飞杀入曹军阵内，保护刘备且战且退。赵云负责保护刘备家小，奋勇冲杀中，却不见了刘备的两位夫人和幼子刘禅。赵云又拍马单骑杀入重围，在伤兵的指引下，找到了甘夫人，杀死曹军部将后又救下糜竺，便命糜竺保护甘夫人退到长坂桥东岸。接着，赵云再次奋勇杀入敌阵，在一堵土墙下找到了身负重伤、怀抱着刘禅的糜夫人。赵云下马请糜夫人上马，糜夫人不同意，将刘禅交给赵云之后，转身投入身后的枯井。这时，有手下对刘备说：“赵云北投曹操去了。”刘备表示绝不相信：“子龙不弃我走也。”果然，不一会儿，赵云就抱着刘禅赶了过来。

赵云大战长坂坡，九死一生救出少主刘禅，当他从怀中把仍在熟睡的刘禅抱给刘备时，刘备接过来就把孩子摔到地上，对赵云说："为汝这孺子，几损我一员大将。"果然，赵云感激泣拜说："云虽肝脑涂地，不能报也。"

刘备通过摔孩子这一动作以及后面感人肺腑的一句话，竟使得赵云跪拜在地，表示自己无以回报主公的心情。作为一个领导者，你也要善于用语言或行为来表示对下属的疼爱，这样才能真正地感动、激励下属，使之为你谋取更多的利益。

那么，领导应该通过哪些言行举止来让下属感受到自己很"疼"他呢？其实，最重要的就是从工作中的小事做起。下面我们就简单地介绍几种行之有效的方法。

1.记住每一位下属的名字

据说，凯撒大帝能叫出他军队里成千上万人的名字，他就是通过喊他们的名字促使士兵在为他作战时奋勇杀敌。实际上，每一个人都对自己的名字特别敏感，如果你能记住每一个下属的名字，并在与之交谈的时候亲切地叫出对方的名字，他一定会感到你对他的重视，感到自己在你心中的位置。作为一个领导者，不管你带领的团队有多大，你都应该尽可能地叫出每一位下属的名字；你要让他们觉得，他们每一个人都是独一无二的，都是特别重要的。如果你所带领的是一个小团队，那么你除了要记住他们每一位的名字，还需要更详细地了解他们，如他们的缺点和优点，这样才能更有效地在用人方面达到因人而异，提高工作效率。

2.适当暴露自己的弱点

在下属的心目中，领导者的形象都是极其完美的，他们总以为领导者是高高在上的，是不同于他们的。其实，这就在无形之中导致下属与领导者之间的距离越来越大。那么，如何改善这样的情况？每个人都有缺点，一味地掩饰并没有任何作用。因此，领导者没有必要掩饰自己的缺点，而应在下属面前展现真实的自我，适当地暴露自己的一些缺点。当下属知道领导也有缺点时，他就会觉得“原来他和我们一样，都是普通人”，而且会不知不觉地产生出一种亲切感，这样会令下属感到与领导的距离近了，进而感受到领导的真情。

3.与下属聊天

在工作之余，或者是下班之后，领导者可以邀请下属一起喝茶、一起共进晚餐，在一种轻松的氛围中与下属聊天。除了谈论一些工作上的事情，你也可以试着与下属谈论一些工作以外的话题，如兴趣爱好、家庭之类的。这会让下属感觉领导并不是高高在上的，而是自己的朋友，也会感受到自己在领导心中的地位。

4.多说贴心话

有时候，在某些特定条件下，从领导嘴里说出的一些贴心话，能让人感觉有千钧之重，进而收买人心。每一个员工都希望自己能在一个富有人情味的团队工作，而这就需要领导善解人意，体恤和关心下属。比如，有一个员工向你请假回去照料生病的母亲，那么，当他上班的时候，你不妨问问他母亲康复了没有；一位下属的脸色不太好，你不妨走到他身边，问他出

了什么事情；如果你的下属经常在你面前谈起他正在上高中的儿子，那么你不妨问一下他儿子的学习成绩怎么样。虽然，在领导看来，这些都是一些细小的关心，但是这会让下属很长时间都想着你的恩德。

5.善意的微笑

无论在什么时候，下属都不希望看到领导黑着脸，这样只会增加他们的心理负担，使你们之间的距离越来越远。相反，如果一个领导在面对下属的时候露出一个善意的微笑，那就会让下属觉得自己原来是讨上司喜欢的。善意的微笑可以为你的威信增添一股亲切的气息，而这样的气息无疑是下属希望看见的，他们会为了你一个微笑而保持一整天的心情，愉悦地工作。

6.聆听下属的意见

领导者不能自诩身份不一样、资历比较高，就不去重视下属的任何想法和意见。其实，在很多时候，下属在你面前所说出的想法和意见，有可能是他经过了几天的认真思考才得出的。无论下属的建议是否可行，你都应该认真地聆听对方的意见，对于他说的比较恰当的地方需要给予赞扬，对于他说的不足之处要及时地进行引导。

总而言之，对待下属就是要“以情动人”，如此才能真正地打动他们，激励他们更加努力地工作。一般而言，领导者管理下属的目的就在于使工作能够顺利开展，进而谋求整个团队获得有前景的发展壮大。这就需要激起下属积极工作的心态，令其把自己身心都投入到工作中去。而行之有效的办法，就是让下属知道你“疼”他，以情动人。领导者要记住，从一些日常的小事做起，才能够真正感动、激励下属。

征求意见后再向下属提出要求

作为一个领导者，无论是向下属传达指令还是向下属派遣任务，你都需要先征求下属的意见。这是因为领导者只是决策的制定者，并不是实际工作的执行者，所以需要选择一个合适的下属去完成工作任务。但是，下属在接到工作任务之前，他对于所将要面对的工作的目的、难度都不清楚，而领导有可能也不是太清楚下属的工作能力。在这样一种盲目的情况下，如果你直接向下属传达某项命令，而那位下属刚好对这方面的工作不太擅长，那么就会阻碍工作的进程，也不利于提高工作效率。因此，领导在向下属传达命令之前，必须征求一下下属的意见。

张先生是一家大型企业的总裁，他习惯于在向下属传达任何命令之前都先征求下属的意见，哪怕只是给对方一个假期，他也会提前通知对方。这样的一种习惯，使得他每次派遣的任务都能够获得成功，而下属也会全力地投入到所接受的工作中去。

有一次，张先生所在的公司研发了一个新产品，他需要一位卓越的推销人才去为新研发的产品打通市场，这是一项异常艰巨的任务。张先生经过几番斟酌，选定了公司里一位颇具能力的新员工。

“你带着我们公司的新产品去打开市场，怎么样？”张先

生轻松地问被召见的新员工，“我现在急需一个有能力的人去给我做销售顾问。”

那位新员工大吃一惊，他当然知道这项任务的艰巨性。他不得不考虑自己的能力，考虑这是否在自己的能力范围之内。

张先生见他犹豫不决，便微笑着道：“怎么样？没有信心吗？任务是比较艰巨，但是我更相信你的能力，俗话说‘初生牛犊不怕虎’，我就是看重了你的那种冲劲。”

面对总裁如此的信任，新员工不禁鼓起了勇气，最终接受了挑战，并引领着新产品开始了漫漫的销售之路。

试想，如果张先生没有事先征求新员工的意见就擅自作出决定，把这样一项极具难度的工作交给他，无疑会给新员工极大的压力，进而影响到工作的有效进行。张先生的高明之处就在于，当他征求员工意见的时候，他已经为员工准备了强大的后盾，那就是信任感，就是给予下属绝对的信心。而正是这种信心，才能使工作得以顺利地展开，才有可能获得成功。

领导在下命令之前征求下属的意见，这一方面是为了再一次清楚地向下属传达信息，另一方面也是对下属的尊重。除此之外，还可以有效地化解下属的畏难情绪或者轻视态度，这对于工作的积极开展是非常有作用的。

1.使所传达的命令更加清楚

有时候，下属预先没有得到任何通知，就莫名其妙地接了个命令。这时，下属没有心理准备，同时对命令的具体信息也不是很清楚。如果领导在传达命令之前先征求该下属的意见，下属就会更加明确这是一个什么样的命令、自己的工作任务到底是什么、工作难度怎么样、自己是否能胜任这份任务等。只有对命令有了较为详细的了解，才有助于下属更好地完成任务。

2.对下属的尊重

在我们平时生活中，无论你请求谁给你做件事，你都应先征求对方的意见，这是一种礼貌，更是一种尊重。因此，领导在向下属下达命令的时候，也要体现出这样一种尊重。只有尊重才能换来下属积极工作的热情，只有尊重才能赢得下属更多的信任。作为下属，他并不希望被领导任意差遣，叫自己干什么就干什么，而不需要征求自己的同意。如果下属在接受任务的时候有这样一种想法，他就会带着一种抵触情绪，而这是很不利于工作的开展的。

3.化解下属的情绪

有时候，领导所派遣的任务有可能太简单，或者太困难，这就需要领导在征求下属意见的时候说清楚任务的难度，并且根据不同下属的能力情况化解下属的情绪。比如，当你所下达的任务太过于简单，而下属的能力又特别优秀时，他就有可能产生轻视的态度，而这就需要领导进行提醒；当你所下达的任务难度太大，而下属的能力只是普普通通时，就会使他产生畏难情绪，而这就需要领导给予对方信任度，增强其自信心。

学会聆听，才能做好领导者

子曰："由，诲女，知之乎？知之为知之，不知为不知，

是知也。”作为领导，对于文化知识和其他社会知识，你都应该保持虚心的态度，随时倾听他人的意见和观点，这样，你才能掌握更多的有用信息，才能“言之有物”。说话就像是倒水，必须是壶里有水才能倒出货来，领导说话也是一样的道理，不善于倾听他人的意见，又怎会肚里有货呢？肚里空空如也，又怎会言之有物呢？在日常工作中，经常看见一些拒绝倾听、不懂装懂的领导，他们在讲话的时候，就连那些极为单纯的事情也要咬文嚼字地卖弄一番，看起来好像很精通大道理，实际上却是什么都不懂，却又不善于倾听。在很多场合，为了表现自己“高人一等”，他们不得不做出一副什么都懂的样子，于是下属纷纷向他们请教，而他们害怕自己露馅，不得不绞尽脑汁来应付这些“慕名而来”的人。他们时刻活在虚荣的世界里，还要编造一些自己丝毫不熟悉的内容去敷衍他人，这其中的苦是说不出来的，只有往自己肚里咽。

许先生是一位小型杂志社的社长，他不管在什么场合都喜欢装腔作势，有时候甚至故意地降低自己的声调来表现庄重的样子。平日里，他总是到处吹嘘自己无所不知，这种姿态让人觉得他好像在作自我宣传。许多下属在发现他说错话时，会小心地指出其错误，可许先生从来不听，也不愿意接受，他固执地坚持自己的想法。

每次在杂志社的例行会议上，他都故意装腔作势，用夹着很多的暗示性话语或英语的言辞来发表高见，但是他还是得不到别人的认同。他所出版的刊物，总是被人批评为现学现卖、肤浅的杂学之流，这是因为他对任何事都喜欢作一番评判。每次，他一开口说话，下面的员工就说：“天啊！他又要开始了。”然后便十分痛苦地忍着，听他大放厥词。

许先生腹中空空，却硬是装出一副什么都知道的样子，当然会被人看作虚张声势的伪君子。更要命的是，这样一个不懂装懂的人，却拒绝倾听下属的意见，如此之人，嘴里自然说不出什么言之有物的话来。

领导讲话要“言之有物”，这样才能给下属提供尽可能多的、有价值的信息，让人感到听有所获，而不会觉得白听了。领导讲话的内容要有知识性、充实具体、言之有物，要做到这一点，除了需要领导在讲话之前作细致的调查研究，还需要领导在私底下善于倾听下属的话，将下属的意见综合起来，提炼出自己的想法，如此，你才能说出一些让下属认为“比较高明”的话。

战国时的张仪为推行“连横”立下了汗马功劳，被誉为有“三寸不烂之舌”。他之所以能所向披靡，一个重要因素是他在说话的时候能够把自己倾听而来的知识融入其中，言之有物，讲话内容充实具体。在倾听别人的谈话时，他充分了解了各国的形势和军事力量，了解了各国国君和将士的心理，从而对自己的游说目标非常明确，使被劝说者心悦诚服。

通过倾听，张仪掌握了各国国君和将士们的心理，再加上他那渊博的学识，使得他的谈话言之有物，讲话内容也充实具体，所以才能够成功说服各国推行“连横”，自己为也推行“连横”立下了汗马功劳。足以见得，要想自己的话语言之有物，就要做到倾听有道。

那么，如何才是倾听有道呢？

1.用心倾听

在我们身边，每个人都是一个独特的世界，都是一道美丽的风景。要想领悟风景背后的奥秘，只有用心。倾听别人，不是用耳朵，而是用心。心若不到，满耳都会是噪声。所以，领导在倾听下属或其他人的时候，需要用心倾听，这样，你才能获取更多的信息。

2.用脑倾听

在倾听的时候，还需要用脑，善于分析下属所说的话，判断对方真正想说的是什么，真正想要的是什么，他在话题中回避了什么，什么时候是真情流露，什么时候是欲言又止。听下属说话，你需要通过其话语找出其心中所隐藏的意思。不喜欢思考的领导者是做不好听众的，因为意常在语言之外。

3.用脸倾听

有时候，同样是一句话，不同的表情会表达出不同的含义。下属在说话的时候，同时也在用表情、声调、手势去诉说。而作为听者的领导，虽然没有说话，但你的眼神、嘴角、下巴也会透露其中的许多信息。好的听众应该是一个积极的参与者，这时候，你应适时运用你的表情、眼神等，去影响整个交流的过程。

4.用嘴倾听

作为听者的领导者，自然有说话的权利，虽然在某些时候插话抢话会令说话的人不悦，但恰到好处的插话则是令人欣喜的，诸如赞同的话“对”“确实如此”“你说得太好了”“太

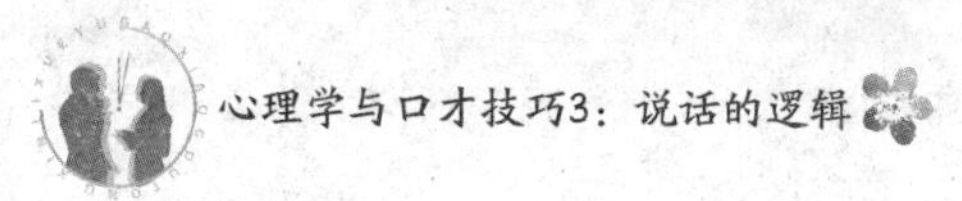

精彩了”等，这些都能够很好地提高领导作为听者的位置。

战国时期，一位君王曾下过一道求谏旨令：“群臣和百姓能当面指责寡人之过的，受上赏；上书规劝寡人的，受中赏；能在公共场合议论寡人的过失而被寡人听到的，受下赏。”这道旨令一下，收到了极好的效果。一年之后，人们想再进直言，已无话可说了。而这个国家在很长一段时间内，国泰民安，社会稳定。作为领导者，你更应该将“倾听”坚持到底，因为倾听，会让你掌握更多关于下属的信息；因为倾听，会让你捕捉一些更有用的信息。当你综合了这些信息，再加以提炼，你会发现自己所说的是多么具体而实在，那才是真正的“言之有物”。

时常肯定下属业绩，表达自己的关注

在日常工作中，相信大多数的上司都是追求完美的人，总希望布置给下属的工作能够被及时、有效地完成。事实上，追求完美的人对凡事都要求很高，可以说，这也成了领导的一个缺点，你的苛刻使得下属感受不到你的肯定与激励，他们所感受到的只有失望。作为领导者，当下属的工作已经做得很好的时候，你需要快速加以肯定，及时说出下属的业绩表现，在这个过程中，你肯定了自己的下属，也就相当于肯定了自己。一说到如何激励下属，不少领导者就抱怨：“我一没有给下属提升晋升的职权，二没有给下属加薪发赏的钱，你让我怎么激励

下属？光要嘴皮子怎么行？”但实际上，一些有作为的企业家和领导者已在实际中总结出了不少行之有效的低成本甚至零成本的激励方法，其中之一就是迅速说出你下属的业绩表现，令下属感受到你的关注。

在这次工作任务中，小王出色地完成了任务，他兴高采烈地对主管说：“我有一个好消息，我跟了两个月的那个客户今天终于同意购买了，而且订单金额会比我们预期的多25%，这将是我们这个季度价值最大的订单。”但是，这位主管对小王的优秀业绩反应很冷淡，他毫不在意地说：“是吗？你今天上班怎么迟到了？”小王说：“路上塞车。”这时，主管严厉地说：“迟到还找理由，都像你这样，公司的业务还怎么做！”小王垂头丧气地回答：“那我今后注意。”于是，原本高兴的小王一脸沮丧地离开了主管的办公室。

我们可以从这个案例中看出，当小王寻求主管激励的时候，主管非但没有给出任何表扬，反而只因小王偶尔迟到之事就主观、武断地严加训斥本该受到表扬的职工。当然，最后的结果是使小王的积极情绪受到了很大的挫折，他没有获得肯定和认可的心理需求满足。其实，在现实工作中，领导对下属的激励并非一件难事，对下属进行话语的认可，或者利用表情的传递，都可以满足下属的被重视、被认可的需求，从而达到激励的效果。

杰克·韦奇说：“我的经营理论是要让每个人都能感觉到自己的贡献，这种贡献看得见、摸得着，还能数得清。”当下属完成了某项工作的时候，他们最需要的是来自领导对自己工作的肯定，可以这样说，领导的认可就是对其工作成绩的最大肯定。领导对下属工作业绩的认可是一个秘密武器，但认可的频率最为关键，如果用得太多，价值将会减少；如果只是在某些特别场合和少有的成就时使用，价值就会增加。相应地，领导者可以发一封邮件给下属，或者是打一个私人电话祝贺下属取得的成绩，或者是在公众面前跟他握手并表达对他的赏识。

保罗·莫任担任了多年的职业管理者，但在这之前，他也曾一度认为下属将事情做得出色是其应该完成的工作的一个组成部分。他这样解释说："过去，我常常忽视对下属的成绩给予肯定，因为我个人对于这方面从来没重视过，所以，我往往会忘记对别人的成就给予表扬。同时，我认为他们所取得的成就只不过是他们规定工作中的一部分，而规定的工作是不需要特别认可的。"

后来，莫任到了太平洋贝尔公司工作，他对于给予下属认可并及时对成功给予表扬的重要性有了新的认识。他发现，事实上，这对于下属来说是很重要的，因此，他决定改变自己的领导习惯。为了提醒自己公开认可的重要性，他特别编制了一张认可他人的优先性列表，每当自己的团队取得一个关键的成就的时候，他就会亲自走到项目组的每个人面前，和对方握手。偶尔，他还会挑选出几个重要的团队成员，带他们出去吃饭。他会亲自打电话给每一个团队成员，感谢他们在项目中付出的努力。另外，他还常邀请大家共同参加一个小型的办公室聚会，一起享用蛋糕和咖啡。

在采取了如此多肯定下属业绩、激励下属的措施之后，在

短暂时间里，莫任就看到生产率上升了、缺勤率降低了，同事之间正在形成更紧密的人际纽带。与此同时，与他一起工作的人员有了更大的主动性，他自己的工作也变得简单起来。互相合作的工作氛围带来了更好的沟通，这样一来，下属之间的冲突也减少了。

当然，快速说出下属的业绩是给予下属的一种赞誉和褒扬，也是一种相处艺术，领导快速说出下属的业绩是对下属的一种尊重，这样有利于下属扬长避短，也能有效地调动下属工作的积极性和创造性。

1.细微处认可下属的业绩

企业顾问史密斯指出，每位下属再小的好表现，如果能得到领导的认可，就有可能对下属产生激励的作用。对领导者来说，认可下属的业绩，这是非常简单的事情，比如，拍拍下属的肩膀、写张简短的感谢纸条，这些非正式的小小认可，甚至比公司一年一度召开盛大的模范表彰大会效果更好。

2.适当赞美

在日常工作中，大多数领导者都吝于称赞下属做得如何，其实，在上下级相处过程中，适当的赞美是必须的技巧。赞美下属并不复杂，这是一个无关时间与地点的问题，作为一个领导者，你可以随时随地地赞美下属，以此达到令下属受关注的目的。

英国女演员和诗人乔吉特·勒布朗说："人类所有的仁慈、善良、魅力和尽善尽美只属于那些懂得鉴赏它们的人。"任何一个下属都希望得到别人的肯定，尤其是上级的认可。在现实工作中，许多员工竭尽全力地把工作做得很出色，却从未得到过哪怕是一声“谢谢”，这是因为绝大多数领导者想当然地认为将事情做得出色是下属应该完成的工作的一个组成部分。事实证明，领导者如此的“忽视”会让下属感觉很受伤。作为领导者，在下属工作出色的时候，你应该迅速说出下属的业绩表现，令下属感受到你对他的关注。

对犯错的下属，委婉地提出建议

在日常工作中，领导批评下级是为了根除工作中的错误，使下级走上正确的道路，因此，要想批评达到很好的效果，就必须讲究批评的技巧性，避免消极的、简单、直接的倾向。批评是一门艺术，批评是为了鞭策和激励他人更好地完成工作，实现团队共同的目标。批评是一种反向的激励，如果运用不好，很容易刺激他人，特别是会伤害到下属的自尊心和荣誉感，这样非但收不到激励的效果，反而会走向激励的反面，使被批评者情绪消极、表现被动，甚至作出偏激和抵抗的反应。所以，领导在批评的时候，切忌直接指出下属的错误，而要委婉指出错误，否则会伤害下属的自尊心；在言语上需要含蓄婉转，切忌尖酸刻薄，否则，便会引起不良的后果。

每个人都有自尊心，即使犯了错误的人也是如此。即便下属真的在某些方面犯了错误，领导在批评的时候，也要考虑到对方的自尊心，切不可随便加以伤害。因此，批评他人的时

候，一定要令自己心平气和，如春风化雨；而不能大发雷霆，横眉怒目，以为这样才能显示你的威风。实际上，你这样的批评方式，最容易伤害对方的自尊心，甚至会导致矛盾激化。因此，你在批评对方的时候，要戒言辞尖刻、恶语伤人。当你怒火正盛的时候，最好先别批评下属，等自己心情平静下来之后再去批评人。切忌讽刺、挖苦，恶语伤人。对方虽然有过错，但是在人格上与你完全相等，所以不能随便贬低对方甚至污辱对方。

王太太为整修房屋而请来了几位建筑工人。起初几天，她发现，这些建筑工人每次收工后都把院子弄得又脏又乱。可他们的手艺让人无法挑剔，王太太不想训斥他们，便想了一个好办法。一天，建筑工人收工回家后，她便偷偷地和孩子们一起把院子收拾整齐，并将碎木屑扫好，堆到院子的角落里。到第二天工人们来干活时，她把工头叫到一边大声说："我真的为你们在收工前将我的院子扫得这么干净而高兴，我很满意你们的举动。"之后，每到收工时，工人们都会自觉地把木屑扫到角落里，并且让工头作最后的检查。

如果王太太直接指出工人的错误，肯定使工人们大为恼火，而这种情绪会影响其工作效果，也会破坏他们与王太太之间的友好关系。所以，聪明的王太太并没有直接指出他们的错误，而是委婉地表示出自己的想法，聪明的工人们一下子就明白了王太太的意思，也认识到了自己的错误。因而，每次完工之后，工人们都会自觉地把木屑扫到角落里，并且让工头作最后的检查。

在日常工作中，许多领导在对下属真诚地赞美之后，喜欢拐弯抹角地加上“但是”两个字，然后就开始一连串的批评。比如，他们常会说：“小王，这次干得不错，但是，其中还是出现了许多问题，希望你能多多提高你的业务水平。”本来备受鼓舞的小王在听到“但是”两个字以后，就开始怀疑领导之前对自己的肯定了。此刻，在他看来，赞美也许只是引出批评的前奏。因此，在委婉指出别人错误的时候，切忌在赞美后加“但是”两个字，否则会使你间接批评的效果大打折扣。

一位上士谈到这样一个问题：“许多后备军人在受训期间，他们经常抱怨的就是必须理发，因为他们认为自己仍然算是普通老百姓。有一次，我奉命训练一群后备士官，按照以前的一般的军人管理办法，我可以像其他教官那样大声吼叫，或是出言恫吓，但是我并没有这样做，而是以委婉指出此事的利害的方式达到了我的目的。”

顿了顿，上士接着说：“我对他们说：‘诸位，你们都是未来的领导者，你们现在如何被领导，将来也要如何去领导别人。诸位都知道军队中对头发的规定，我今天就要按照规定去理发，虽然我的头发比你们的还短得多。诸位等一下可以去照照镜子，如果觉得需要，我们可以安排时间到理发室去。’结果，我话刚说完，真的有许多人开始去照镜子，并且按照规定理好了头发。”

在这个案例中，教官正是以委婉的批评方式达到了自己的目的。委婉式的批评其实就是间接式的批评，并不当面直接地进行批评，而是采取间接的方式对他人进行批评。你可以采用

借彼比此的方法，声东击西，这样可以让被批评者有一个思考的余地，从而更容易接受。委婉式批评的特点就是含蓄蕴藉，不会伤害被批评者的自尊心。每个人的自尊心都是很强的，领导者如果在公开场合点名批评犯错的下属，就会让对方感觉没面子，“威信扫地”，更有甚者会对领导者怀恨在心，有的干脆“破罐子破摔”。所以，领导者在对人进行批评时，要采取委婉的批评方式，这种方式不伤害对方的自尊心，更容易让人接受。

那么，领导对下属在进行委婉批评的时候，需要注意哪些问题呢?

1.就事论事

领导批评下属的时候，是在平等的基础上进行的，态度上的严厉并不等于语言的恶毒，只有那些无能的领导才去揭人伤疤。揭人伤疤的做法只会让人勾起一些不愉快的记忆，这样对问题的解决毫无帮助；而且，当你在揭他人伤疤的时候，除了使被批评者心寒之外，旁观的人听了也会不舒服。

因为伤疤人人都有，旁观者见到同事的惨状，只要不是幸灾乐祸的人，都会有“下一个就轮到我”的感觉。而且，你这样乱揭他人伤疤，只会让对方颜面丧失殆尽，根本就没有达到你最初的目的。恰当的批评语言，是一个领导心胸和修养的直接表现，领导者决不能以审判者自居，恶语相向、不分轻重。

2.以朋友的口吻

你作为领导，应该用恰当的批评方法，而不能以审判者自居，你可以与他站在同一立场、用朋友的口吻去询问对方：

“发生了什么事？”“我能为你做些什么？”或者：“为什么会这样？怎么回事？”这样的方式，可以帮助你了解情况，以便更好地解决问题。

当然，你也可以直接告诉他你的要求，但是千万不要说：“你这样做根本不对！”“这样做绝对不行。”你可以试着说：“我希望你能……”“我认为你会做得更好。”“这样做好像没有真正地发挥你的水平。”用提醒的口吻与他说更好，私下再与他交换意见，委婉地表达自己的想法，跟他讲道理、分析利弊，这样一来，他就会心悦诚服，接受你的批评和帮助。

第12章

进退有度，与难缠之人也能实现高效沟通

强调“特别尊重”，刻意保持距离

一般情况下，关系比较好的人之间说话往往比较随意，有时还会调侃几句，但是，遇到自己敬畏的人时，我们往往会用一些敬语如“您，请”等。有些时候，面对难缠之人——他往往和我们的关系还不错，但是你确实不想和他纠缠下去——这种情况下，你不妨利用敬语，让他感觉到你们的关系其实并不亲近，这时，识趣之人往往会主动走开。

王山是一家公司的财务部会计，平时干活兢兢业业地。经常有不少人来找他报假账，但是常常遭到他的拒绝，因此，公司里有很多人都对他不满。

有一次，公司采购部的李经理跑到财务部的办公室里去转，看见王山后，李经理悄悄地说道：“小王，我的儿子想考会计证，今天下班后能不能麻烦你帮他辅导一下？”

王山一听不是报假账方面的事情，为了搞好人际关系，也就答应了。

下班后，李经理开车把王山接走了，当车开到一家大饭店门口停下时，王山有些诧异，问道："李经理，你家原来在开饭店呢？"

李经理笑道："我家哪是开饭店的，我请你帮我儿子辅导会计方面的知识，总得先吃顿饭吧？"

王山一听，甚觉有理，便没有再说什么。

到饭店以后，李经理点了一大桌子的好酒好菜，王山连忙说："李经理，你用不着这么破费，我帮你孩子辅导一下功课只是小事一桩。"

李经理有些得意地笑了笑，并没有说话。

席间，当李经理有些喝醉的时候，他说道："小王啊，现在我就跟你实话实说吧，反正你酒也喝了，饭也吃了。"

王山有些诧异，但还是继续听李经理说话。

李经理说道："其实我们公司最近采购了一批货物，大概你也听说了吧。我是想让你在报账的时候帮帮忙，多报一点，反正是公司的钱，不拿白不拿。事成之后，我给你两万，如何？"

王山说道："李经理，你喝醉了，我们还是改天再说吧。"

李经理有些不高兴，说道："别假正经了，我再给你五万，如何？"

王山没有回答李经理，直接叫人将李经理送回家中了。

第二天早上，李经理又跑到财务部，看见只有王山一人在办公室，于是说道："昨天晚上我们说的那事，你考虑得怎么样了？"

王山假装没有听见，眼睛盯着李经理，大声说道："您说什么？我没听见，您能不能大声地再说一遍？"

李经理见状，有些尴尬地笑了，说道："你怎么还跟我客气了，昨晚上我们不是说得好好的吗？"

王山大声地说道："您昨晚上跟我说什么事情了，请您再说一遍行么？"

李经理顿时明白了王山不想帮自己的忙，于是灰溜溜地走回采购部了。

在这个案例中，面对李经理的无理要求，王山多用敬语和他交流，让李经理感觉到两人的关系其实也不是那么亲密，最后李经理只好灰溜溜地走了。可见，在生活中，多用敬语，利用"特别尊敬"，往往能疏远难缠之人。那么，如何才能做到这一点呢?

1. 说客气话的时候态度要严肃

在用客气话来拉远双方的距离的时候，一定要注意了，说话时的态度一定要严肃一些，要让对方感觉到你是很认真地在跟他说话，而不是开玩笑。关键时候，不妨将你的话重复两遍，让对方明白你的态度。你言语上没有拒绝，但是已经在态度上拒绝了对方。

2. 口气要缓和，但是要坚定

在用客气话和对方拉远距离的时候，说话的口气要缓和一些，不要为了表达拒绝的意思而咬牙切齿。这时候，对方知道你在表达拒绝的意思，但是如果你的口气带了情绪，势必引起对方的不满，以致引发争吵。所以，说话的口气一定要缓和，但是要坚定，以暗示对方不可能再有回旋的余地。

3. 要盯着对方的眼睛

说客气话拉远距离的时候，要用眼睛盯着对方，用眼神暗示对方：我很认真，我问心无愧，我作决定是经过深思熟虑的。这样，对方自然能从你的眼神、从你的口气、从你所说的客气话中判断出你的意思。

设置悬念，主动引导话题

心理学认为：好奇心是个人遇到新奇事物或处在新的外界条件下所产生的注意、操作、提问的心理倾向。人的本性是不满足的，而好奇心就是人们希望自己能够知道或了解更多事物的不满足心态。当你在向对方求助的时候，假如能巧妙设下“好奇陷阱”，激起对方想了解你的欲望，那么你的求助就有可能成功一大半。

周末，默默约了好朋友梅子一起逛街，可是，默默发现梅子一路上都心神不定的，好像发生了什么事情似的。默默好心问道：“梅子，你怎么啦，今天看起来心情好像不太好。”“哎，我也不知道该怎么说……还是算了吧。”梅子吞吞吐吐地说。“到底什么事情，大家都是朋友，你可以说出来，看我能不能帮上忙。”默默沉不住气了。“昨天我接到爸爸的电话……”

“欲说还休”的姿态恰好可以引发对方的好奇心，当你说了一半而又停住的时候，对方就可能想知道“你究竟怎么

了”“出了什么事情吗”，在强烈好奇心的驱使下，对方会主动开口说“我能帮上什么吗”。

1.设下“好奇陷阱”

有时候，对方可能根本不知道你有求助的意思，所以，你要巧妙设下“好奇陷阱”，通过自己的语言或行为透露给对方“自己有可能出事了”，这样他反而会主动问你“出了什么事”“需要帮忙吗”。

2.留下悬念

如果对方主动问你“出了什么事情”，你可以设计悬念：“我也不知道怎么说……还是不要跟你说好了。”“其实都是小事，你还是不要知道好了。”这样对方会继续追问，迫切地想了解你的情况。

对待小人的沟通原则：不伤和气也无须情意

生活中的小人无处不在，很难避免，但是我们往往又不能忽视他们的存在，因为，一着不慎，就可能全盘输在小人的身上。这种情况下，如果我们能够掌握好对策，就能在沟通中不伤和气地将小人制服，比如，夸赞对方还没形成的优点，暗示对方去培养。

王强和刘明是某家公司销售部的两名员工，王强为人正直，心胸开阔，说话直率；而刘明比较有心计，喜欢拿同事之间私下说的事情向领导打小报告。

有一天，下班后，有一个经常和他们公司有业务往来的熟人叫郑凌，由于朋友关系，想请王强吃饭，但是刘明也在，于是他把他们两个一起请了。但是王强担心刘明打小报告，因为公司有规定，不准员工私自让客户请客。

于是，在饭桌上，王强对刘明说道："刘兄，咋俩一起敬郑凌一杯如何？"

刘明说道："好啊，一起来吧！"

当喝酒喝到一定程度的时候，王强假装醉意朦胧地说："刘兄，我发现我们俩就是公司里的两个好伙伴，是不是？"

刘明敷衍了事地说道："嗯，是的。"

王强继续说道："我知道你很恨私下里给领导打小报告的人，其实我也恨。你放心，这次绝对没有其他人知道我们俩和老郑来喝酒，只有我们三人知道，哈哈！"

刘明也跟着赔笑。

王强继续说道："我告诉你一个小秘密，我已经盯上了一个喜欢打小报告的人，一旦我逮到机会，我会将他弄死。"

听完王强的话，刘明吓得酒杯掉在地上，满脸都是大汗。

王强见状，心中大喜，但是假装困惑地说："你怕什么呀，我又不是说你，你最恨打小报告的人了，你怎么可能会打小报告呢？"

刘明连忙唯唯诺诺地点头。

从此，在公司里，再也没有发生过有人给领导打小报告的事情了。

在这个案例中，王强面对喜欢打小报告的刘明，没有正面

表示对他的不满，而是旁敲侧击，在和气的表面下暗示他打小报告的后果，最后使得刘明再也没有打过小报告。因此，在生活中，对待小人，沟通中不伤和气但也无须情意。如何才能做到这一点呢？

1. 夸赞对方还没形成的优点，暗示对方去培养

夸奖对方还没有形成的优点，这是一种不满情绪的表达，是一种赞扬性的批评。因为你在这方面没有优点，甚至有严重的失误或不可弥补的缺点，本应该受到批评，却受到了表扬，而且缺点成了优点。乍一听是在赞扬，实际上传递的却是不满。别人只是在强调这些方面，希望能引起你的注意。

2. 夸赞对方表现过度的优点，暗示对方过犹不及

表现自己的优点可以让别人更容易了解自己，但是如果不把握好度，表现得过多，就会变成骄傲，惹人讨厌。这时候，我们不妨采用赞扬对方的优点的方式，来提醒和暗示对方，传递你表达过头了、已经引起别人的厌恶的信息。这样既不会伤害到彼此之间的和气，又可以很好地表达自己的不满情绪。

3. 自言自语间不经意说出对对方的不满

人们都不太容易接受直接的指责，但是，只要你在表达自己不满情绪时以一种无意的心态说出，对方往往是能够接受的。比如，你自己觉得这件事对方做得不对，但又不好直接说出来，这时候你就要学会对自己讲、让对方听。因为没有针对性，所以没有攻击性，自然就不会有反击，但是有暗指对象。面对这种情况时，对方更容易从心理上意识到你对

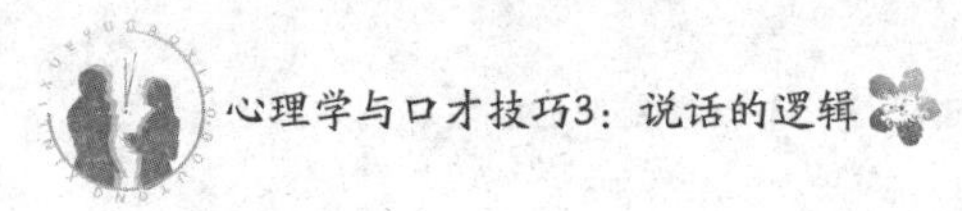

他的不满情绪。

4. 表现对其关注淡漠，暗示其自我反省

在人际交往中，如果自己对对方有不满情绪，那就在相处过程中表现出对对方的冷漠，不要过度地关注对方，一改自己往日热情好客的生活态度，对对方表现出淡漠，使得对方意识到问题的存在，从而更好地在自己的身上找毛病。表现对其关注的淡漠，可以很好地传达自己的不满情绪，暗示对方进行自我反省，促使其改正自己的缺点和毛病。

5. 搭幽默的顺风车暗示对方的缺点

用幽默的表达方法，将对方的缺点形象化地表达出来，这样可以避免过于严肃的指责和埋怨，也避免了彼此之间的尴尬，不至于伤害感情。比如，对方太懒了，你在向对方暗示的时候，不妨学几声猪叫。让对方知道自己的毛病，再加上你形象化地表达了幽默的效果，这样一来，对方会意识到自己的缺点，也会愉悦地接受你的批评。

想要达成共识，尝试用对方的方式沟通

在日常交际中，我们与他人的交流沟通，实际上就是一场心理的较量。而且，彼此都带着各自在意的重点，以期达成共识。如何才能打动对方呢？这需要我们仔细观察，从对方言语中抓住对方在意的重点，再以其在意的东西作为利诱，这样一来，对方肯定会心动，不得不答应我们的请求。而且，我们以

其在意的东西作为利诱，如此暗合对方的心理，这样会让对方感到很受尊重，在无形之中，也拉近了彼此的距离。有时候，对方在意的东西往往是他的把柄之一，有可能他会为了在意的重点而放弃之前所提出的条件，在此时，我们趁虚而入，对方就会在交流中败下阵来。

小娜是一位节油制汽车推销员，这天，她约见了一位客户，这是一位拥有三辆车的店主。小娜想：对于这样一位客户来说，他最在意的是怎样能节约汽油费，以缩减店里每天的开销，从而收获最大的盈利。

有了这样的想法后，小娜一开口就礼貌地询问："先生，请教你一个熟悉的问题，增加贵店利润的三大原则是什么？"客户好像很乐意回答这样的问题，他回答："第一，降低进价；第二，提高售价；第三，减少开销。"小娜立即抓住话题说下去："你说的句句是真言。特别是开销，那是无形中的损失。如汽油费，一天节约20元，你想过一共能节约多少吗？贵店有3辆车，一天节省60元，一个月就有1800元。发展下去，10年可省21万元。如果能够节约而不节约，岂不等于把百元钞票一张张撕掉？如果把这一笔钱放在银行，以5分利计算，一年的利息就有1万多元，不知您高见如何，觉得有没有节油的必要呢？"听了小娜这样的分析，客户觉得自己应该化解这种恶劣情况，最终购买了节油制汽车。

对于任何一个有车一族来说，他所在意的就是如何节约汽油费，而对于拥有三辆汽车的店主来说，这样的问题他会更在意。推销员小娜非常明白客户在意的重点，因此，在与客户交谈的过程中，她一点点地将话题延伸到节油的问题上，引起客户的注意，再一点点详细说明，以博得客户的同意。既然汽车可以节油，为什么还要继续“浪费”下去呢？这样有力的说明打动了客户，于是，他会想方设法地用节油车来解决之前的“浪费”的恶劣情况，不得不购买推销员小娜的节油制汽车。

另外，在日常交际中，双方的沟通最忌讳彼此沉默不语，或者，自己在那里说得口若悬河，对方总是一副爱理不理的样子。那么，如何令对方开口说话呢？最好的办法就是发现对方比较在意的东西，如兴趣爱好，从对方感兴趣的东西说起，这样才会使整个谈话过程变得愉悦而畅快。

那么，哪些才是对方在意的重点呢？

1.找到对方的利益所在点

就像案例中店主的利益所在一样，在每个人心里，都会有一定在意的关于利益的东西，有可能是金钱，有可能是名声，有可能是地位。因此，在沟通的过程中，我们要善于以对方在意的利益作为诱饵，以此达到打动对方的目的。

2.找到对方的兴趣所在

每个人都有自己的兴趣爱好，因此，在交流过程中，我们要想办法找到对方的兴趣点。可以在与对方交谈之前做好准备工作，打听对方有什么兴趣爱好；也可以通过自己的观察或提问来获知对方感兴趣的事情。

另外，为了获得更多有关对方的信息、更好地打动对方，我们需要让对方尽可能多地说话。所以，话题要先从对方的兴趣说起，这样顺势展开的话题会利于整个沟通的顺利进行。

妙语疏远热衷“杀熟”的人

在生活中，我们发现有很多人热衷于“杀熟”，即喜欢拿熟人开刀。面对这种人，如果直接跟他正面交锋，往往会伤害彼此之间的情感，但是，委曲求全、自认倒霉，又觉得于心不甘。这时候，如果能够委婉地用妙语和他拉远距离，暗示自己并不是和他很熟，对方便不好意思再拿你开刀了。

王华和李杰是公司里的同事，平常关系非常好，但是李杰发现王华有一个毛病：王华喜欢当着外人的面揭露自己的一些丑事。这让李杰有些尴尬，但是又不好当面反驳，因为王华是带着笑脸说的，而且说的都是事实。

有一次，王华和李杰一同去客户家里上门维修产品，维修完后，正好到了晚上吃饭的时间，客户留两人吃晚饭。

在饭桌上，王华说道：“李杰，你平时不是说客户都是铁公鸡吗？你看现在这家客户还像铁公鸡吗？”

李杰哑口无言，客户也尴尬地笑了。

气氛顿时紧张了很多。

客户连忙倒酒，说道：“来，来，来，喝酒！喝酒！”

李杰有些不高兴，但是王华并没有觉察到。他继续说道：“你啊，就一毛病，嗜酒如命，有一次，咱俩到客户家去走访，不巧看到他们在喝酒，却没有请你喝，你就生气地说：‘下次再让我上门服务的时候，一定做些手脚。’”

李杰的脸色非常难看。但是碍于客户在场，又不好意思直接发作。他笑了笑，对王华说：“谢谢您的指导和教诲，现在

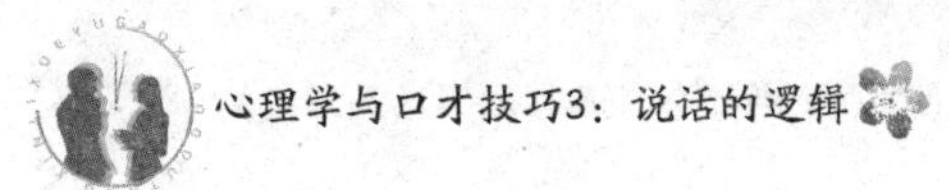

我向您敬一杯酒，请王总务必不要推辞。您要是再客气，我可真是无地自容了啊！”

李杰突然将“你”改成了“您”，王华感觉到他和李杰的关系突然远了很多。看着李杰一本正经的样子。他只好站起来把酒喝了。喝完酒后，李杰深深地鞠了一个躬，然后说了声“谢谢”。

王华有些尴尬，但是他再也没有说与李杰有关的话题。从此，在外人面前，王强再也不敢“杀熟”了。

在这个案例中，王强是一个很喜欢“杀熟”的人，对此，李杰用客气话于无形之中拉远了与他的距离，暗示他，我和你不熟，你说的话别人不会信，从而让王强身处尴尬的境地。因此，在生活中，面对热衷于“杀熟”的人，不妨用妙语拉远与其的距离。那么，如何才能拉远跟熟人之间的距离，避免被“杀熟”呢?

1. 不妨说一些客气话

生活中，由于彼此之间关系比较熟，所以对方总是肆无忌惮地向你提要求；也正是因为关系比较熟，所以很多人不好意思拒绝，结果让自己很难受。这时候，在和对方的谈话中，多说一些客气话，如多说“您”或者“谢谢”等词，以此来告诉对方，两人之间并非那么亲密无间。这样，对方便不好意思，自然会有所收敛，从而有效地避免“杀熟”的现象。

2. 把对方的话当玩笑

当你听到熟人向你提不合理的要求时，要机灵一些。把对方的话当成是玩笑，让对方明白你的意思——熟人之间开玩

笑是很正常的，这样他自然不好意思再说下去了。当然，这时候，你的表情和语言要相互配合，以装傻充愣。比如，拍拍对方的肩膀，哈哈大笑说："你真是太幽默了。"或者："你真会开玩笑。"

3. 要及时地转移话题

你身边的熟人想要"杀熟"时，在对方刚一开口的时候你就要迅速及时地转移话题。当话不投机的时候，你和对方的心就有了距离，他自然不好意思继续和你聊下去。因为是熟人，可以聊的话题很多。千万不要让对方把自己的念头表达出来，否则只怕你又难以拒绝。

4. 要不断地恭维对方

一般情况下，关系熟的人之间不需要恭维。所以，当你明白对方想要"杀熟"的时候，不妨恭维对方，进而拉远和对方之间的心理距离，当对方明白自己和你并没有想象中那么熟的时候，"杀熟"的话便不好意思再说出口了。这时候，你也完全可以和他讨价还价了。不要感觉不好意思。

参考文献

[1]谭忠秀.每天10分钟精通沟通心理学 [M].北京：人民邮电出版社，2012.

[2]王富军.受益一生的社交心理学 [M].北京：中国商业出版社，2016.

[3]成正心.活学活用沟通心理学[M].北京：电子工业出版社，2017.

[4]醉流枫.超级沟通心理学术[M].北京：台海出版社，2016.

[5]刘艳华.沟通心理学[M].天津：天津科学技术出版社，2017.